Angela Moonlight

Verlorene Seelen

Kinder in den Fängen von Triebtätern

Angela Moonlight

Verlorene Seelen

Kinder in den Fängen von Triebtätern

DeBehr

Bibliografische Information der Deutschen Bibliothek:
Die Deutsche Bibliothek verzeichnet diese Publikation in der Deutschen Nationalbibliothek; detaillierte bibliografische Dateien sind im Internet über http://dnb.ddb.de abrufbar.

Angela Moonlight und Katharina Bond
„Verlorene Seelen – Kinder in den Fängen von Triebtätern“
ISBN: 978-3941758193

Herausgeber: Verlag DeBehr, Radeberg,
1. Auflage 2010
Cover: fotolia by photosani

Inhalt

1. Widmung

Die Höllenkinder

Jennifer stand vor ihrem Grab und hielt die Höllen-Schaufel fest in ihrer zierlichen Hand. Oft flüchtete sie auf den Friedhof der Höllenkinder und schaufelte und bohrte mit aller Besessenheit an dem unbeugsam erscheinenden Fels ihrer Todesstätte.

Sie wusste instinktiv, würde sie erst einmal eine Mulde in den Brocken geschlagen haben, könnte sie mit ihrer ganzen Kraft und Mühe einen Krater öffnen.

Gerade weit genug, um ihre zu Stücken zerbrochene Seele darin einzubetten. Doch der Weg dorthin schien unüberwindbar.

Manchmal, wenn Jennifer vom Friedhof kam, klopfte sie an eine Tür und bat um Hilfe, doch die Türen blieben verschlossen und die Lichter wurden gelöscht. Die Dunkelheit, die sich auf den Gassen ausbreitete, machte es Jennifer zunehmend schwerer, ihren Weg zu finden.

Oft irrte sie durch die Nacht, in eisiger Einsamkeit.

Und alles, was die Leere füllte, war die Melodie der Seelenstücke, die aus dem Totenbett hinaus in die Welt getragen wurde und die sie heimführte. Heim auf den Friedhof der Höllenkinder. Jennifer hoffte und betete, dass sich eines Tages ihre zerrissene Seele zusammenfügen würde.

Dass sich die Türen öffnen und Licht die Dunkelheit durchbräche.

Nach vielen Jahren kam eine alte Frau durch die Nacht und suchte den Friedhof der Höllenkinder auf. Und ihr Gesang durchbrach die Stille. Jennifer kannte die Melodie ihrer Seelenteile nur zu gut und sie war gerührt und fühlte sich gefunden und sie stimmte mit ein und ihr schien als würde ein Engelchor die schönste Melodie in den Äther tragen.

Jennifer wünschte sich so sehr, dass auch nur ein kleines Lichtlein durch die Nacht bräche. Und so geschah es. Der herrliche Gesang traf die Herzen der Menschen und sie öffneten ihre Türen und das Licht erleuchtetet den Friedhof der Höllenkinder.

Erst jetzt erkannte Jennifer die unzähligen Gräber und die leeren Augen all der Höllenkinder, die unermüdlich an ihren Totengräbern feilten. Und für einen kurzen Moment fühlte sie sich nicht mehr alleine.

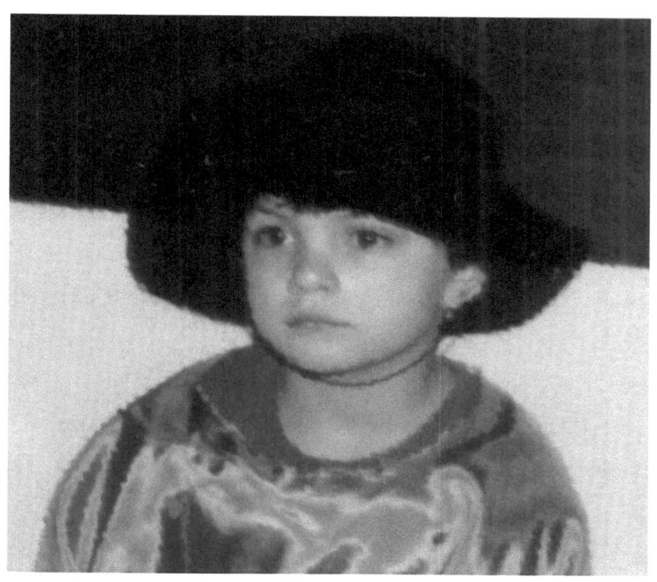

2. Prolog

Schreie nach Hilfe, die im Nichts verhallen

Sexueller Missbrauch an Kindern, das Verhalten von Mutter, Großeltern und des Jugendamtes

Brief von Familie F.:

In den Jahren 2000/2001 wurde meine Tochter Franzi, geboren 1995, von ihrem Onkel mütterlicherseits, Herrn Steven. K, sexuell missbraucht. Dies wurde durch ihren protestantischen Kindergarten zur Anzeige gebracht, da sie eindeutige Bilder malte … Meine anderen Kinder – Maike, Lore und Jenny – wurden damals weder vom Jugendamt noch von der Polizei befragt …

Von daher stellte sich schon hier die Frage, inwieweit die drei ebenfalls betroffen gewesen sein konnten. Wieso wurde hier nicht schon nachgefragt – gebohrt?

Franzi lebte zu der Zeit des Missbrauchs bei ihren Großeltern Alfons und Melanie K. Der Täter Steven K. ebenso. Er wurde damals zu einer geringen Strafe verurteilt: Geldstrafe und Ableisten von Sozialstunden, obwohl er laut Aussage der Mutter zugegeben hatte, auch andere Kinder missbraucht zu haben.

Wie lasch waren hier schon die Gesetze: einem solchen Täter keine lange Freiheitsstrafe zu geben, ihn nicht in die Psychiatrie einzuweisen oder eine Therapie aufzuerlegen! Nichts von allem! Im Gegenteil, er bekam noch den Freifahrtsschein weiterzumachen.

Wieso wurden Lore und Jenny nicht auch vernommen, da es doch das Naheliegendste war, andere Kinder der Familie könnten auch betroffen sein?

Ich erhebe hier die schwersten Vorwürfe gegen das Jugendamt – Frau Blender und deren Kollegen! Ich fordere diese Herrschaften auf, mir bzw. meiner Anwältin sämtliche Unterlagen zur Verfügung zu stellen!

In den Jahren 1999 bis 2003 missbrauchte dieser Kerl auch meine Tochter Jenny, damals zwischen sieben und acht Jahren alt – bis zum Alter von zwölf Jahren –, obwohl er in dieser Zeit wegen Franzi verurteilt worden war! Wie ungeniert und triebhaft musste dieser Mensch gewesen sein!

Jenny hat es uns jetzt erst anvertraut – nach ihrer Flucht 2007 zu uns.

Sie wollte diesem Monster nicht mehr begegnen, das heute noch bei seiner Mutter ein- und ausgeht. Gedeckt von ihr bzw. geduldet aus Angst, ins Heim zu kommen, wenn sie etwas offenbarte! Von der Frau *verkauft*, immer wieder zu ihm geschickt …

Jenny hatte sich ihr anvertraut in einem Brief. Wie schrecklich musste es für ein kleines Mädchen gewesen sein zu wissen, dass die eigene Mutter sie in die Hände dieses Monsters schickte! Einem Gewaltmensch, der viel zu groß und kräftig war, um sich gegen ihn wehren zu können …, der dem kleinen Mädchen durch sein Gewicht allein die Luft nahm, es vergewaltigte – immer und immer wieder!

Von allen verlassen, alleine, noch nicht mal die Großeltern halfen ihr, obwohl sie es wussten, die Mutter hat es ihnen gesagt. Verhöhnt von der eigenen Familie. Dieser Kerl, der sie *liebte*, der ein Kind von ihr wollte! Jahrelang war sie gezwungen, ihm gegenüberzutreten: bei Familienfesten, Grillabenden, Geburtstagen, Hochzeitsfeiern …

Leider konnte sie sich mir – ihrem Vater – nicht früher anvertrauen, da das Jugendamt nichts an mich weitergeleitet hatte – dem Einzigen, der ihr geholfen, beigestanden hätte. Ich hatte schon mehrfach Kontakt zu meinen Kindern gewünscht, mehrfach vorgesprochen …

Meine Exfrau wusste davon angeblich nichts, das Jugendamt hätte ihr nie gesagt, dass ich Kontakt wollte. Das Jugendamt hätte angeblich den Umgang mit mir verboten und erzählte das den Kindern. Kaum zu glauben: Sie wollte ihre *Einkommensquelle* nicht verlieren, die Kinder weiter *verkaufen*.

Mein ältester Sohn wurde Ende 2006 achtzehn Jahre alt und somit volljährig. Das Erste, was er tat, war, Kontakt mit mir, seinem Vater, aufzunehmen; auch er lebte jahrelang bei den Großeltern, die ihm ein Zimmer vermietet hatten. Über ihn bekamen wir Ostern 2007 zufällig Kontakt zu Jenny. Seit dieser Zeit kam sie und auch ihre Geschwister regelmäßig am Wochenende zu mir.

Jenny hatte sehr schnell Vertrauen zu meiner jetzigen Frau gefunden; im Mai 2007 machte sie erste Andeutungen zu Missbrauch. Sie verbrachte dann die Sommerferien bei uns, eigentlich hätten es nur 14 Tage sein sollen. Doch immer wieder kam sie mit Gründen und Ausreden, bei uns bleiben zu dürfen – bis sie eingestand, sie mochte nicht mehr nach K. zu ihrer Mutter zurück.

Wir boxten es bei ihrer Mutter durch, dass sie bei uns bleiben konnte, sie war sogar mit dem anteiligen Sorgerecht von Jenny durch mich einverstanden, aber ohne Jugendamt bitte. Wir forderten sie mehrmals auf, dies unbedingt mit dem Jugendamt abzuklären! Sie weigerte sich aber zur Zusammenarbeit mit dem Amt, nur ohne war sie einverstanden.

Damals schon hatte ich die Vermutung, dass mehr *im Busch* war – durch den *Fall Franzi* stand sie scheinbar unter Aufsicht des Jugendamtes, seit etwa 2001. Sie hat es geschafft, die Betreuerin um den Finger zu wickeln, Frau Mira B, die mittlerweile ihre engste Freundin zu sein scheint.

Die ist bis heute dermaßen parteiisch und befangen, dass ihr am Kindeswohl anscheinend nicht mehr viel liegt; der Missbrauch Jennys fand schließlich unter ihrer *Aufsicht* statt. Ich vermute, dass ihr der Täter gut bekannt war, denn so oft wie der dort ein- und ausging, musste sie ihm dort schon begegnet sein!

Jenny leidet sehr unter den Folgen des sexuellen Missbrauchs, detaillierte Angaben konnte sie nun erstmals dieses Jahr im Januar bei ihrem Psychologen machen, den wir wegen ihrer massiven Essstörungen, Stimmungsschwankungen und Depressionen aufgesucht hatten. Diese gingen so weit, dass sie gar Selbstmordgedanken hegte; sie gab zu, sich auch schon geritzt zu haben. Das Mädchen wurde seelisch zerstört, dieses Monster tötete ihre kleine Kinderseele!

Ich habe diesen Kinderschänder nun angezeigt, damit dieser endlich aus dem Verkehr gezogen wird! Große Hoffnung, dass er eine lange Haftstrafe bekommt, habe ich nicht, man hat ja vorher schon unerklärliche Entscheidungen miterleben müssen.

Wie lange soll das so weitergehen? Wie viele Kinder kann er noch missbrauchen? Wie viele hat er schon missbraucht? Wie viele Kinderseelen werden noch zerstört, wie viele Kindertränen müssen noch fließen? Gebt das Gesetz in unsere Hände! Wir finden die gerechte Strafe!

Ich spreche nur aus, was viele von uns denken, die nicht ihre Augen verschließen und tagtäglich das Leid einer verlorenen Seele sehen! Therapien nutzen hier nichts, diese Monster müssen für immer weggesperrt werden!

Von Ämtern können wir sowieso keine Hilfe erwarten, das sieht man ja am Beispiel des Jugendamtes gerade jetzt wieder, dessen Mitarbeiter immer noch nicht in die Gänge kommen – nicht einmal in der Lage sind, jetzt die Kinder zu befragen!

Ich bekam zur Vorsprache wegen des *Falles Jenny* – nur unter Androhung, an die Öffentlichkeit zu gehen – einen Termin! Das Jugendamt weiß wohl selbst nicht genau, wer zuständig ist, denn jedes Mal, wenn wir da sind, wird die Verantwortung auf einen anderen Mitarbeiter abgeschoben. Nur mit unserer besagten Androhung bekamen wir am Montag, den 28. 1. 2008 einen Termin! Frau Blender, bei der wir letztes Jahr schon auf diverse Missstände hingewiesen hatten, war auf einmal nicht mehr zuständig; nun ist es eine Frau C., eine Halbtagskraft, die sofort ihre Ahnungslosigkeit beteuerte. Es wird viel hin und her geredet, aber nichts unternommen Die Betreuerin Mira B., die die Tagesgruppe leitet und für die Kinder der Familie zuständig ist – Besuche in der Familie, Beratung, Hilfestellung –,

schwächt die Sache ab, um Angelina und Eduard N. beizustehen. Es geht hierbei absolut nicht um das Kindeswohl!
Bis zum heutigen Tag, Sonntag, den 3. 2. 2008, 23.30 Uhr wurde kein Kind angehört.
Obwohl Herr Lichtfeld-Meier, seines Zeichens Abteilungsleiter des Jugendamtes K., mehrfach die Termine 30. 1. 2008 und 1. 2. 2008 zum Zusammentreffen mit der Familie und Anhörung der Kinder versicherte, ist bisher noch nichts geschehen. Am 1. 2. 2008 wurde von Herrn Lichtfeld-Meier definitiv mitgeteilt, Frau C. wäre gerade zur Familie unterwegs. Ich stelle mir hier die Frage, wer hier lügt, die Sache unter den Teppich kehren will und die Vogel-Strauss-Politik führt!
Ich werde am morgigen Montag, den 4. 2. 2008, Rosenmontag, wieder bei Herrn Lichtfeld-Meier anrufen – unter Zeugen und der Mitteilung, dass die Mithöranlage eingeschaltet ist und ab sofort jedes Gespräch aufgezeichnet wird.
Soll diese Politik weitergeführt werden? Muss erst noch ein Kind missbraucht werden? Oder: Wie weit muss es gehen, bis endlich mal was unternommen wird?
Die ganze Zeit geht durch die Presse, man soll auf Missstände hinweisen, die Augen offen halten! Für was, frage ich, wenn doch keiner reagiert? Man hört nur Beschwichtigungen, sonst nichts; an die Opfer – und zukünftigen potenziellen Opfer – wird nicht gedacht!
Bei einem Telefonat heute Abend zwischen Jenny und ihrem Bruder Mike – in Abwesenheit seiner Mutter – stellte sich heraus, dass die Kinder mal wieder belogen, massiv unter Druck gesetzt und Tatsachen verdreht worden waren, sodass sie sogar nicht mehr herkommen wollten. Erst nach Klarstellung der Sache meinerseits. Die Mutter wäre extrem sauer, weil ich

zum Jugendamt gegangen war, denn sie hätte lieber alles ohne Jugendamt geklärt …, hat wohl Angst, dass noch mehr herauskommt. Ich vermute stark, dass da noch viel mehr ist, dies nur die Spitze des Eisberges!
Gegen das Jugendamt werde ich wohl eine Aufsichtsbeschwerde einreichen, denn die Zustände sind absolut haltlos! Wo darf es so etwas geben, dass ein Amt, das für den Schutz der Kinder zuständig ist, sich gegen ihn stellt?
Damit hier nichts weiter vertuscht bzw. diesen Missbräuchen Vorschub geleistet wird, damit sich endlich was bewegt, trete ich nun an die Medien! Zum Schutz von Lore, Franzi und Mike! Zum Schutz aller Kindern! Es muss ein Zeichen gesetzt werden!
Wir bitten alle Medien um Hilfe! Unserer Kinder willen!

3. Was ist Missbrauch?

In der Umgangssprache wird das Wort Missbrauch so häufig und in allen möglichen lapidaren Bereichen verwendet, dass es in keiner Weise erahnen lässt, welche sadistischen und menschenunwürdigen Straftaten dahinterstecken, denen die potenziellen Opfer schutzlos ausgeliefert sind.

Es ist an der Zeit, dies zu ändern. Kindesmissbrauch ist so vielfältig und vielschichtig, dass ein einziges Wort nur dessen Ausmaß und Auswirkung überhaupt nicht erfassen, geschweige denn dafür Rechnung tragen kann.

Wenn die Betroffenen uns gestatten, in die Abgründe der Vergehen, die sie erleiden mussten, zu blicken, dann werden die folgenden Grausamkeiten sichtbar.

Vorgehensweise der Täter

Die meisten Töchter lieben ihren Papi, genauso wie die Söhne ihre Mami. Im Allgemeinen ist es so, dass alle vierjährigen Mädchen auf die Frage *Willst du später mal heiraten?* spontan mit *Ja, den Papa!* antworten.

Wenn wundert es da, dass es ein Leichtes für den Vater ist, seine Tochter zu missbrauchen. Ist die Mutter aus dem Haus, so beginnt das Ganze möglicherweise mit den Worten *Du darfst jetzt die Mama sein.* Oder: *Du bist jetzt meine kleine Frau.*

In dem kindlich naiven Kopf ist dies doch genau das, was das Kind sich wünscht. Wie kann es erahnen, dass dies vollkommen falsch ist und sein Leben zerstören wird? Es hört nur die Worte und fühlt sich geliebt, weil es doch den Papa so sehr liebt, dass es ihn sogar heiraten würde. Dies ist eine der Vorgehensweisen von Tätern.

Es spielt keine Rolle, ob es der leibliche oder der Stiefvater ist – es kommt einzig und allein auf die Bindung und Beziehung der beiden Personen an: je enger, je einfacher.

Im Laufe meiner Arbeit an diesem Buch ist auch ein Pädophiler auf meine Webseite aufmerksam geworden und hat mir folgendes Beispiel seiner Vorgehensweise im Gästebuch hinterlassen. Wollen wir ihn mal Rolf nennen.

Sexuelle Kontakte zu Jugendlichen

Rolf schrieb also:

Ich bin 40 und hatte seit der Pubertät immer nur sexuelle Beziehungen zu Jungen. Mit 18 habe ich dann sogar zwei Vereine gegründet, die speziell für Jugendliche attraktiv waren. Da hatte ich dann etliche sexuelle Erfahrungen. Zu dieser Zeit war der Altersunterschied ja noch recht gering, aber trotzdem war es damals noch strafbar, weil bis 1994 für homosexuelle Kontakte die Schutzaltersgrenze noch bei 18 lag. Heute liegt die bei 14 oder 16.

Inzwischen bin ich schon 40 und der Altersunterschied ist beträchtlich. Trotzdem finde ich immer noch Jugendliche, die für eine sexuelle Erfahrung mit einem erwachsenen Mann zugänglich sind. Einen gewissen Verführungscharakter hat das Ganze aber schon. Schließlich habe ich jahrzehntelange Erfahrung, wie ich mich einem Jungen nähern muss, um sein jugendliches sexuelles Interesse zu wecken: indem ich seine Neugier und Abenteuerlust anspreche. Ist aber Verführung auch unbedingt Missbrauch? Ich bin mir da ziemlich unsicher. Es gibt homosexuelle und heterosexuelle Jugendliche und in beiden Fällen ist das Ganze ziemlich kompliziert. Die heterosexuellen haben panische Angst, dass etwas bekannt wird, weil sie sonst bei den Gleichaltrigen und in ihren Familien auf totale Ablehnung stoßen würden und sie sich total schämten, etwas Schwules gemacht zu haben. Die homosexuellen Jungs sind vielleicht in einer Zwangslage, weil sie keine Gleichaltrigen finden, mit denen sie ihre Sexualität ausleben können, und sich so viel zu leicht zu Sachen verführen lassen, die sie sonst nicht machen würden.

Ich habe vor Jahren mit einem Therapeuten gesprochen, der schon viele Homosexuelle beraten hat und der sagte mir, ich solle von unter unter 25-Jährigen auf jeden Fall die Finger lassen. Er meinte, in meinem Fall gäbe es die Möglichkeit, absolut abstinent zu leben. Meine Sexualität sei halt so, dass ich immer nur Schaden anrichten kann.

An diesen Rat habe ich mich aber nicht gehalten, ich habe in den letzten Jahren sogar noch viel aktiver nach Jungen gesucht – das Internet bietet da ja heute so viele Möglichkeiten.

Das Jugendamt hat dann mal ein Riesenverfahren gegen mich geführt wegen *Kindeswohlgefährdung* eines 16-/17-jährigen Jungen. Die konnten sich aber nur aufregen und konnten mir aber nichts anhaben, weil das ja nicht strafbar war. Zu dem Jungen habe ich heute immer noch Kontakt. Er ist heute 18 und kommt immer noch regelmäßig zu mir. Die Eltern machen einen Riesendruck, aber sie sind machtlos.

So ganz unproblematisch ist das aber alles nicht. Laut Gesetzgeber kein Missbrauch, Verführung ja, aber die ist nicht strafbar.

Bewusstes sexuelles Anmachen

Eine weitere, moralisch sehr verwerfliche Masche ist wie die Folgende:

Als Betroffene hielt sich eine junge Frau, nennen wir sie Sarah, in einem Forum für Menschen auf, die aktiv gegen Kindesmissbrauch vorgehen. Eines Tages wurde sie von einem Mann angeschrieben, eigentlich nichts Ungewöhnliches. Innerhalb kürzester Zeit jedoch stellte sich heraus, dass dieser Mann, nennen wir ihn Steven, Sarah unmoralische Angebote machte. Es kam zu mehreren schriftlichen und auch telefonischen Kontakten, in denen Steven immer deutlicher mitteilte, was er eigentlich wollte. Er sprach von *Erregung, Dominanz, Vertrauen, Sichfallenlassen, Sichöffnenkönnen* usw.

Er stellte Fragen wie *Würdest du für Geld mit einem Mann schlafen*? oder *Damals, als es geschah, musste deine Freundin den Schwanz ihres Peinigers in den Mund nehmen?* Oder *Hast du es schon mal mit verbunden Augen getan? Würdest du es im gefesselten Zustand mit Handschellen usw. tun?*

Er wünschte sich von Sarah Bilder über ihre erregten Brustwarzen und andere Fotos. Zudem wollte er nicht als Steven, sondern als *mein Herr* angesprochen werden.

Nach weiterer Recherche stellte sich natürlich heraus, dass Sarah nicht die einzige junge Frau war, zu der er Kontakt aufgenommen hatte – es waren mehrere Frauen gewesen. Über kurz oder lang hatten die Frauen allesamt sein Spiel durchschaut und sich von ihm abgewandt.

Auszüge aus dem StGB

Ich erhebe keinen Anspruch auf Vollständigkeit.

§ 177 StGB Sexuelle Nötigung, Vergewaltigung

Hier sieht der Gesetzgeber eine Strafe von sechs Monaten bis zu zehn Jahren vor.

§ 176 a StGB Schwerer sexueller Missbrauch von Kindern

Der sexuelle Missbrauch von Kindern wird in den Fällen des § 176 Abs. 1 und 2 mit Freiheitsstrafe nicht unter zwei Jahren bestraft.

§ 225 StGB Misshandlung von Schutzbefohlenen

Freiheitsstrafe von drei Monaten bis zu fünf Jahren, in minder schweren Fällen des Absatzes 3 auf Freiheitsstrafe von sechs Monaten bis zu fünf Jahren zu erkennen.

§ 253 StGB Erpressung

Wer einen Menschen rechtswidrig mit Gewalt oder durch Drohung mit einem empfindlichen Übel zu einer Handlung, Duldung oder Unterlassung nötigt und dadurch dem Vermögen des Genötigten oder eines anderen Nachteil zufügt, um sich oder einen Dritten zu Unrecht zu bereichern, wird mit Freiheitsstrafe bis zu fünf Jahren oder mit Geldstrafe bestraft.

§ 218 StGB Schwangerschaftsabbruch

Wer eine Schwangerschaft abbricht, wird mit Freiheitsstrafe bis zu drei Jahren oder mit Geldstrafe bestraft. Handlungen, deren Wirkung vor Abschluss der Einnistung des befruchteten Eies in der Gebärmutter eintritt, gelten nicht als Schwangerschaftsabbruch im Sinne dieses Gesetzes.

§ 221 StGB Aussetzung

[…] mit Freiheitsstrafe von drei Monaten bis zu fünf Jahren bestraft.

§ 222 StGB Fahrlässige Tötung

Wer durch Fahrlässigkeit den Tod eines Menschen verursacht, wird mit Freiheitsstrafe bis zu fünf Jahren oder mit Geldstrafe bestraft.

§ 232 StGB Menschenhandel zum Zwecke der sexuellen Ausbeutung

Wer eine andere Person unter Ausnutzung einer Zwangslage oder der Hilflosigkeit, die mit ihrem Aufenthalt in einem fremden Land verbunden ist, zur Aufnahme oder Fortsetzung der Prostitution oder dazu bringt, sexuelle Handlungen, durch die sie ausgebeutet wird, an oder vor dem Täter oder einem Dritten vorzunehmen oder von dem Täter oder einem Dritten an sich vornehmen zu lassen, wird mit Freiheitsstrafe von sechs Monaten bis zu zehn Jahren bestraft. Ebenso wird bestraft, wer eine Person unter einundzwanzig Jahren zur Aufnahme oder Fortsetzung der Prostitution oder zu den sonst in Satz 1 bezeichneten sexuellen Handlungen bringt.

§ 239 StGB Freiheitsberaubung

Wer einen Menschen einsperrt oder auf andere Weise der Freiheit beraubt, wird mit Freiheitsstrafe bis zu fünf Jahren oder mit Geldstrafe bestraft.

§ 241 StGB Bedrohung

Wer einen Menschen mit der Begehung eines gegen ihn oder eine ihm nahestehende Person gerichteten Verbrechens bedroht, wird mit Freiheitsstrafe bis zu einem Jahr oder mit Geldstrafe bestraft.

(2) Ebenso wird bestraft, wer wider besseres Wissen einem Menschen vortäuscht, dass die Verwirklichung eines gegen ihn oder eine ihm nahestehende Person gerichteten Verbrechens bevorstehe.

§ 201 StGB Verletzung des höchstpersönlichen Lebensbereichs durch Bildaufnahmen

Wer von einer anderen Person, die sich in einer Wohnung oder einem gegen Einblick besonders geschützten Raum befindet, unbefugt Bildaufnahmen herstellt oder überträgt und dadurch deren höchstpersönlichen Lebensbereich verletzt, wird mit Freiheitsstrafe bis zu einem Jahr oder mit Geldstrafe bestraft.

§ 173 StGB Beischlaf zwischen Verwandten

(1) Wer mit einem leiblichen Abkömmling den Beischlaf vollzieht, wird mit Freiheitsstrafe bis zu drei Jahren oder mit Geldstrafe bestraft.

(2) Wer mit einem leiblichen Verwandten aufsteigender Linie den Beischlaf vollzieht, wird mit Freiheitsstrafe bis zu zwei Jahren oder mit Geldstrafe bestraft; dies gilt auch dann, wenn das Verwandtschaftsverhältnis erloschen ist. Ebenso werden leibliche Geschwister bestraft, die miteinander den Beischlaf vollziehen.

(3) Abkömmlinge und Geschwister werden nicht nach dieser Vorschrift bestraft, wenn sie zur Zeit der Tat noch nicht achtzehn Jahre alt waren.

§ 176 b StGB Sexueller Missbrauch von Kindern mit Todesfolge

Verursacht der Täter durch den sexuellen Missbrauch (§§ 176 und 176 a) wenigstens leichtfertig den Tod des Kindes, so ist die Strafe lebenslange Freiheitsstrafe oder Freiheitsstrafe nicht unter zehn Jahren.

§ 179 StGB Sexueller Missbrauch widerstandsunfähiger Personen

Wer eine andere Person, die

1. wegen einer geistigen oder seelischen Krankheit oder

Behinderung einschließlich einer Suchtkrankheit oder wegen einer tiefgreifenden Bewusstseinsstörung oder

2. körperlich

zum Widerstand unfähig ist, dadurch missbraucht, dass er unter Ausnutzung der Widerstandsunfähigkeit sexuelle Handlungen an ihr vornimmt oder an sich von ihr vornehmen lässt, wird mit Freiheitsstrafe von sechs Monaten bis zu zehn Jahren bestraft.

§ 182 StGB Sexueller Missbrauch von Jugendlichen

Eine Person über achtzehn Jahre, die eine Person unter sechzehn Jahren dadurch missbraucht, dass sie

1. unter Ausnutzung einer Zwangslage oder gegen Entgelt sexuelle Handlungen an ihr vornimmt oder an sich von ihr vornehmen lässt oder
2. diese unter Ausnutzung einer Zwangslage dazu bestimmt, sexuelle Handlungen an einem Dritten vorzunehmen oder von einem Dritten an sich vornehmen zu lassen,

wird mit Freiheitsstrafe bis zu fünf Jahren oder mit Geldstrafe bestraft.

Nimmt man all diese Strafmaße zusammen, kommt man leicht über eine lebenslängliche Haftstrafe hinaus. Umso unverständlicher ist es für die Opfer, Überlebenden und deren Angehörigen, dass häufig eine viel geringere oder gar keine Bestrafung der Täter stattfindet.

4. Merkmale und Folgen sexuellen Missbrauchs

Im folgenden habe ich einmal zusammengestellt, wie es Betroffenen ergehen kann und wie weitreichende Konsequenzen sexueller Missbrauch hat.

Dabei erhebe ich keinen Anspruch auf Vollständigkeit, möchte nur aufzeigen, wie alle Lebensbereiche von den Missbrauchserlebnissen beeinflusst und durchdrungen werden.

Aktionen des Täters/Ablauf der Tat

- Locken
- Einschmeichelung
- Nähe erzeugen
- Freundschaft herstellen
- Versprechungen machen
- Entführung
- Freiheitsberaubung
- Gewaltanwendung
- Abhängigkeitsverhältnis herstellen
- Manipulation/Gehirnwäsche
- *„Du darfst jetzt die Mama sein."*
- *„Du bist meine kleine Frau."*
- Drohung
- Erpressung
- Machtausübung durch Angsterzeugung
- Hilflosigkeit erzeugen
- Unglaubwürdigkeit des Kindes erzeugen
- Vereinnahmung naher Personen
- Beobachten/Nachstellen

Direktfolgen der Tat

körperliche Ebene	
• Viren, die durch Verunreinigung des Täters zu Gebärmutterkrebs führen können	• Pilze durch unhygienisches Vorgehen und Verhalten des Täters. Er wird sich vor der Tat weder waschen noch anders säubern
• Übertragung von Geschlechtskrankheiten; schlimmstenfalls Überträger von HIV-Viren	• motorische Unruhe: ständiger Bewegungsdrang – vergleichbar mit ADHS
• Nägelkauen	• Allergien
• Verätzungen durch entsprechende Mittel, die eingeführt werden	• Schmerzen im Bauch, Genitalbereich, Wundsein, Risse im Genitalbereich
• Verstümmelung im Genitalbereich durch Einführen von stumpfen, spitzen und scharfen Gegenständen	• Verletzungen durch grobes Anfassen, Fesseln und Foltern, wie Hämatome, Brüche, Schnitte, usw.
• Übelkeit und Erbrechen durch das Schlucken von Exkrementen	• Körperausdünstungen wie Schweiß, Alkohol oder Nikotin
• Atemnot durch das Gewicht des Erwachsenen	• Arbeitsunfähigkeit
geistig-seelische Ebene	
• Nähe- und Distanzproblem	• Verlassenheit

- Verweigerung bestimmter Dinge wie Kleidungsstücke, Räume betreten usw.
- Konzentrationsprobleme, mangelnde Aufmerksamkeit, Davondriften
- Abspaltung
- Seelentraumata
- plötzliches Erschrecken ohne ersichtlichen Grund
- Unsicherheit in gesellschaftlichen Gruppen
- Meiden von größeren Menschenansammlungen, von offen Plätzen oder geschlossenen Räumen, Höhe
- unkontrollierte Nervenzusammenbrüche in der Öffentlichkeit wie z. B. auf der Arbeit, beim Einkaufen usw.
- Gratwanderung zwischen Tabuthemen
- Befangenheit dem Thema gegenüber
- plötzliches wieder einnässen und einkoten in der Nacht
- Albträume, Ängste, Angst in der Dunkelheit und vor der Dunkelheit
- Hilflosigkeit, Leere, Einsamkeit, Ich-Bezogenheit in der Situation (nur mir passiert das), Ausweglosigkeit, Verstricktsein, als Marionette gefangen
- Zusammenbrüche auf Grund permanenter Überlastung – keine eigenen Grenzen wahrnehmen
- Nervenzusammenbrüche, weinen, schreien, Zerstörungswut
- Hospitationsschäden/ Hospitalismus/Jaktationen

- Gefühlskälte/emotionale Überreaktionen
- Aggressionen nach innen oder außen gerichtet
- minimale Belastbarkeit im häuslichen, privaten und beruflichen Bereich
- geringe Selbstachtung, Selbstmitleid
- Minderwertigkeitsgefühle
- Wertlosigkeit, mangelndes Selbstvertrauen
- Missionarsverhalten, Schwerfälligkeit, Trägheit, psychotisch, apathisch
- wehrlos, unruhig, überfordert; Verfolgungsangst, Bedrohtheit, Schwindel
- Lange, prägende Verhaltensmuster und Strukturen, die nur schwer zu knacken und abgewöhnen sind
- Schuldgefühle, Angst, Widerstreben; Ekel vor, während und in der Bearbeitungsphase
- Realitätsverlust, Erschaffen einer eigenen gewünschten Realität
- depressive und pessimistische Gefühle, Schwarz-Weiß-Denken
- nicht warten können, nicht stoppen können
- Selbstbestrafungs-mechanismus

sozialer Bereich	
• Rückzug aus dem gesellschaftlichen Leben, Meiden anderer Personen, Kontakte nur über Kontrolle möglich	• kein Durchsetzungsvermögen, Übergangen werden, sich als Clown aufspielen
• aggressive Verhaltensweise: schlagen, beißen, treten	• von Provokationen bis zu Regression ins Kindesalter hin – verschiedene Stadien möglich
• Angepasstheit, brav sein, typischer Ja-Sager – auch, wenn man nein meint	• häufige Arztbesuche, Therapiestunden zu Lasten der Krankenkassen
• Konfliktunfähigkeit	• geringe Spontanität

Spätfolgen der Tat

- organische Gehirnveränderungen
- Misstrauen/ kein Urvertrauen
- Beziehungsschwierigkeiten bis hin zur Beziehungsunfähigkeit
- Unfruchtbarkeit aufgrund der multiplen Verletzungen
- Frigidität
- Nymphomanie
- Prostitution
- Organsmusunfähigkeit
- Flashbacks sufgrund der speicherung von Gerüchen, Berührungen, Bildern, Geräuschen usw., man wird in die damalige Situation zurückversetzt
- andauernde Persönlichkeitsveränderung mit und ohne Fragmentierung

- Angst und Panikattacken
- Albträume/Schlafströrungen
- verschwommens Sehen
- Schreckhaftigkeit
- Schwangerschaften, Schwangerschaftsabbrüche, Gebärmutterverletzungen
- Geburten, Kindesaussetzungen
- zwanghaftes Verhalten wie Waschzwang, Putzzwang, Kontrollzwang
- Essstörungen wie Bulimie oder Adipositas
- Suchtverhalten
- Arbeitsunfähigkeit
- PTBS = Posttraumatische Belastungsstörung oder Reaktion
- Probleme mit der Körperwahrnehmung
- Angst vor großen Menschenmassen
- Drang zum Perfektionismus
- SSV = Selbstverletzung
- Suizidversuche
- Vollendeter Suizid
- Schizophrenie
- PTBS = Posttraumatische Belastungsstörung oder Reaktion
- MP = Multiple Persönlichkeitsstörung
- Schreckhaftigkeit, Geräuschempfindlichkeit
- Probleme, Grenzen zu setzen, eigene Grenzen nicht wahrnehmen
- Vollendeter Suizid
- Herzrasen, Schweißausbrüche
- Angst auf offenen Plätzen oder in geschlossenen Räumen
- Phobien: Tiere, Räume, Plätze, Fahrstühle, Höhen usw.
- Depressionen
- Hilflosigkeit
- Schizophrenie
- Straffälligkeit

5. Fallbeispiele von sexuellem Missbrauch

Aus Respekt vor der Privatsphäre der betroffenen Personen wurden alle Namen geändert.

Lynn, 18 Jahre:
Als Erstes möchte ich erwähnen, dass ich dies nicht schreibe, um von irgendwem Mitleid zu bekommen. Ich möchte lediglich den Menschen die Augen öffnen.

Hast du gehört? Da ist schon wieder ein Mädchen von seinem Vater vergewaltigt worden! Ich verstehe das einfach nicht. – Ich auch nicht. Ich bin froh, dass so was in unserer Familie nicht passiert! Eine Unterhaltung zwischen einer Bekannten und meiner Mutter.
Ich frage mich heute noch, warum sie und mein Vater die Augen davor verschlossen haben. Aber eine Antwort werde ich wohl nie bekommen. Ich war wohl vier Jahre alt, als es anfing. Den Anfang habe ich lange Zeit verdrängt, doch so langsam kommen auch diese Bilder wieder hoch. An eine Situation kann ich mich wieder erinnern, als wäre es gestern gewesen …
… ich sitze auf Opas Schoß. Er fasst mir an die Brust. Ich mag das nicht. Er soll aufhören! Warum hilft mir keiner? Mama, warum hilfst du mir nicht? Ich strample! Er hört nicht auf. Alle schauen mich böse an. Was habe ich getan? Ich spüre, dass es nicht richtig ist, was er tut. Aber warum gucken sie mich böse an? Mein Opa grinst. Er legt seine Hand auf mein Bein, schiebt sie zwischen meine Beine. Nein, ich will das nicht! Er soll aufhören! Das tut mir weh!
Alle lachen und haben Spaß. Sie unterhalten sich über Tante Claudia. Sie

sagen böse Sachen über meine Tante. Ich sage, sie sollen lieb sein zu Tante Claudia! Aber meine Tante Maria sagt, dass ich zu klein sei und das noch nicht verstehe. Aber ich bin doch schon vier!
Wir fahren, endlich!

Das ist das Erste, woran ich mich erinnern kann. Es ist auch der einzige Vorfall mit meinem Opa, an den ich mich erinnere. Irgendwie habe ich das Gefühl, dass dieses Gen vererbbar ist. Es ist ja nicht bei dem einen Mal geblieben. Doch danach war es nicht mehr der Vater meiner Mutter, sondern ihr Bruder!
Anfangs hat er mich auch *nur* angefasst, wie sein Vater auch schon. Irgendwann ging er dann immer weiter: über Schläge, wenn ich ihm nicht gehorchte, bis hin zu erzwungenem Beischlaf. Wenn ich ihm nicht folgte, schlug er mich oder drohte mir.
Auch hier möchte ich mal eines meiner *Bilder* einfügen:
Ich sitze in meinem Zimmer und lese. Bin ganz vertieft in mein Buch. Plötzlich sehe ich, dass Klaus, mein Onkel, vor mir steht. Er streichelt durch mein Haar. Ich weiß, es wird noch mehr kommen, doch ich schweige. Mich hört ja eh niemand! Ich stehe auf und will gehen, doch Klaus drückt mich wieder auf mein Bett.
Er öffnet meine Hose, zieht sie mir aus und fasst mir zwischen die Beine: *Ah, das ist gut. Du fühlst dich so toll an*! Und mir wird schlecht!
Nun zieht er auch seine Hose aus. Klaus beugt sich über mich, dringt in mich ein. Er tut mir weh! Mit einem Grinsen von ihm dringen seine Worte in mein Gehirn: *Das gefällt dir doch!*

Wie kann er nur glauben, dass mir das wirklich gefällt? Klaus wird schneller und sein Stöhnen lauter! Er zieht ihn raus und ich spüre, wie mir eine warme Flüssigkeit die Beine entlangläuft. Er grinst mich an, zieht sich an und geht! Ich nehme meinen Anspitzer auseinander, mache die Klinge sauber und ritze mich – das erste Mal in meinem Leben! Das warme Blut läuft über meine Arme … Und ich bin fast erleichtert.

Erst später wurde mir klar, was er mir an diesem Nachmittag angetan hatte. Meine Periode blieb aus. Daraufhin machte ich einen Schwangerschaftstest – mit dem Ergebnis POSITIV.
Aus heutiger Sicht kann ich nur sagen, dass ich mehr oder weniger *Glück* hatte: Ziemlich früh erlitt ich eine Fehlgeburt. Na ja, es war nicht das einzige Mal, dass er mich benutzte. Es ging etwa 10 Jahre lang so. In einem der *Bilder* schreibe ich: *... doch ich schweige. Mich hört ja eh niemand!*
Anfangs hatte ich ja geschrien. Ich dachte, dass meine Eltern irgendwann kommen und mir helfen würden. Doch spätestens als sie Klaus bei uns aufnahmen, weil seine Frau sich von ihm getrennt hatte, wusste ich, es machte keinen Sinn. Ich hörte also auf zu schreien.
Damals muss ich etwa acht Jahre alt gewesen sein. Das ging bis kurz nach meinem 14. Geburtstag – erst dann habe ich mich getraut zu sprechen.
Jetzt bin ich 17, fast 18, Jahre alt. Meine Arme erzählen noch immer meine Geschichte von Missbrauch und Misshandlung. Doch jetzt lebe ich mit dem tollsten und liebsten Mann der Welt zusammen.
Langsam lerne ich, damit umzugehen, was passiert ist. Zu meiner Familie habe ich kaum noch Kontakt. Es ist einfach zu viel passiert. Ich habe mich noch nicht getraut, meinen Peiniger anzuzeigen. Doch ich hoffe, dass ich mich irgendwann traue …

Yvonne:

…möchte von ganz vorne anfangen.

Ich war gerade sieben, als ich mich zu meinem Vater auf das Sofa legte und einfach nur mit ihm knuddeln wollte. Er fing an, mich von hinten zu streicheln und versetzte mir leichte Stöße, ich war erschrocken und ging weg.

Die Übergriffe wurden schlimmer und immer, wenn keiner da war, holte er mich zu sich. Ich war noch so klein und wusste nicht, wie mir geschieht: Er schloss mich im Bad ein und ich musste ihn befriedigen – sein Glied streichen und ihn oral befriedigen. Es war so ekelig, dass ich kotzen musste, und ich hörte nur noch das Klopfen meines Herzens in meinem Kopf und die leisen Atemzüge meiner selbst.

Dies ging über Jahre hinweg, es wurde schlimmer, ich musste zu jeder Gelegenheit mit ihm mit. Es gab Tage, an denen wünschte ich mir, dass er mich einfach in den Wald schleppte und dem Ganzen ein Ende machte, doch er tat es nicht.

Ich war zehn und musste mal wieder mit ihm gehen, er fuhr mit dem Auto in den Wald und ich musste auf den Rücksitz gehen. Er stieg aus und kam mit heruntergelassener Hose zu mir; er drückte mich auf den Sitz und riss mir meine Kleider herunter. Ich flehte ihn an, er sollte es nicht tun! Er hörte mich nicht, er war wie im Rausch. Er drückte meine Beine nach oben und ich fing an zu weinen: *Nein, hör auf! Es tut so weh!* Und er ließ von mir ab. Ich zog mich wieder an und wischte mir die Tränen aus dem Gesicht, er ging einkaufen, als wäre nichts geschehen.

Als wir in einer Wohnung in einem Mehrfamilienhaus lebten, war er dort

Hausmeister. Es gab einen Heizungsraum, in dem es laut und deswegen eine dicke Tür aus Stahl eingebaut worden war.
In diesen Raum musste ich fast täglich hin, er sperrte mich da ein und vergriff sich an mir: Ich musste mich immer auf einen Holzstuhl setzen und er befriedigte sich selbst, während er mich leckte. Ich konnte schon nicht mehr schreien, ich war stumm vor Angst, dass er meiner Mutter was tat. Er drohte, wenn ich schrie und nur ein Wort sagte, dann brächte er sie um. Ich war erst 13 und noch ein Kind, als ich mit ihm gehen musste.
Er fuhr eines Tages an eine Annahmestelle für Gläser und Altpapier, die sehr versteckt lag und keiner dorthin kam. Er stieg wieder aus dem Auto und kam zu mir, er riss meine Kleider vom Leib wie ein Tier, er drückte meine Beine auseinander – ich versuchte mich zu wehren, doch es nutzte nichts. Er drang in mich ein und ich begann zu weinen, es tat so unbeschreiblich weh! Er hörte nicht auf, er tat mir so weh!
Ich konnte mich nicht mehr spüren, als er fertig war: *Mein Kind, ich habe dich so lieb, aber achte darauf, denn du wirst jetzt bluten, denn nun bist du eine Frau.*
Als ich zuhause war, ging ich ins Bad und übergab mich, ich glaube ein Dutzend Mal. Ich duschte mich zwei Stunden, doch es hörte nicht auf; ich fühlte mich noch immer dreckig, obwohl ich wusste, ich konnte nichts dafür.
Diese Übergriffe fanden nun häufiger statt: im Keller, wo der Heizraum war, oder im Wald und ja sogar im Ehebett, als meine Mutter zur Oma für einige Wochen fuhr, um ihren Führerschein zu machen, da sie bei uns wohl keine Ruhe fand, um sich zu konzentrieren.
Es ging so einige Jahre. Als ich 15 war, da fand meine Mutter beim Aufräumen mein Tagebuch und sie las, was mir geschehen war. Ich kam

nach der Schule nach Hause und gerade zur Türe rein: *Hast du mir was zu sagen?* Ich wusste nicht, was sie meinte und verneinte.

Sie hielt mein Tagebuch in der Hand und winkte mir damit entgegen, ich sah es und brach wie ein nasser Sack zusammen. Ich konnte nichts sagen und sie, sie nahm mich nicht in den Arm – ich, ihr Kind, war in diesem Moment völlig egal!

Sie zerrte mich ins Schlafzimmer und packte mich aufs Bett. Ich weinte und konnte nichts sagen, doch sie sagte, ich sollte aufhören. Ich war gehorsam und riss mich zusammen, sie holte einen Kassettenrecorder aus dem Schrank und ich musste ihr berichten, wie alles vor sich gegangen war.

Es war so schlimm, dass ich sterben wollte – und ich durfte nicht weinen und schreien, dass ich das nicht wollte! Nachdem alles ausgesprochen war: *Mach dir nichts draus, mein Vater hat das auch mit mir gemacht.*

Ich ging in mein Zimmer, noch voll in Trance, und weinte mir das, was noch von mir übrig war, aus dem Leib.

Am Abend kam er dann nach Hause – und sie kratzte ihm die Augen aus; er ging nach draußen mit unserem Hund.

Sie rief mich zu sich und stellte mich vor die Wahl: *Mein Kind, sage mir, was sollen wir tun? Wenn du sagst, er soll nun gehen, so wird es geschehen. Doch bitte vergiss nicht, dass man 35 Jahre Ehe nicht einfach wegwerfen kann.*

Ich sagte nichts, ich konnte nicht mal mich atmen sehen, ich fühlte nur einen Kloß im Hals. Sie gab mir damit zu verstehen, dass, egal was ich gesagt hätte, er geblieben wäre. Für sie war es erledigt und kein Problem, sie kehrte es unter den Teppich und lebte ihr Leben.

Ich weiß nicht, wie oft ich versuchte habe, mir das Leben zu nehmen, denn ich wusste nicht, welche Qualen die schlimmsten waren: ob derartige oder

die seelischen meiner Mutter oder die von meinem Vater, die er mir körperlich bereitet hatte.
Und manches Mal dachte ich, sie hat es schon vorher gewusst, bevor sie es las – sie sah mich nicht mehr als ihr Kind an und nahm mich danach auch nie mehr in den Arm. Und auch dieses Mal kam ich mir vor, als wurde ich verraten: war Dreck und nicht wichtig.
Ich war an diesem Abend so nahe dran, von der Welt zu gehen. Ich war im Licht, aber eine Hand holte mich zurück und eine Stimme hörte ich sagen: *Nicht*!
Es war die Stimme meiner Oma – und wenn sie nicht gewesen wäre, hätte ich das hier nicht schreiben können.
Miriam Storr:
Das Bild. Das Bild, ein recht vergilbtes Bild – mein Bild?
Ich sehe das Kinderzimmer, rot-weiße Möbel, Sandmännchen- Tapete. Es ist sehr ordentlich und aufgeräumt, lebt hier überhaupt ein Kind? An der einen Wand steht ein Bett, eines dieser Schrankbetten, die tagsüber hochgeklappt werden, damit mehr Platz zum Spielen ist. Diese Betten haben Gurte für die Bettdecke, damit die nicht verrutscht, wenn das Bett hochgeklappt wird.
Jetzt ist es Abend, ein kleines Mädchen liegt in diesem Bett. Papa hat es festgeschnallt. Damit die Decke nachts nicht verrutscht? Schläft das Mädchen so unruhig? Oder ist das eines dieser liebevollen Spiele? Papas sind ja immer liebevoll, natürlich, was sonst?
Das Mädchen liegt im Bett, ganz still, bewegt sich nicht, denn es hat Angst. Die Tränen laufen über sein Gesicht. Nur nicht weinen, nicht laut sein, sonst kommt wieder die Tante von oben runter und schimpft mit ihm, weil es nachts so laut ist.

Mädchen sind lieb, leise, dürfen nicht auffallen. Am liebsten würde es schreien, aber es darf ja nicht. Aber es hat doch solche Angst! Wo ist Mama? Es ist doch so dunkel! Das kleine Nachtlicht in der Steckdose nutzt nichts, das macht es nur noch schlimmer. Denn der Affe auf dem Schrank wird immer größer, wie ein Monster – und er bewegt sich, ganz sicher. Die Kleine hat solche Angst ...

Heute ist sie groß, hat selbst zwei Kinder, aber versteht vieles immer noch nicht. Sie betrachtet das Bild, das inzwischen so verblasst ist, dass sie nur noch Papa sieht, wie er sich über sie beugt und festschnallt.

Sie ist inzwischen 37. Eines Tages sitzt sie bei ihrer Cousine zum Kaffee: *Weißt du noch? Unsere Eltern waren ja schon immer viel zusammen, deine immer bei meinen zum Kartenspielen. Dein Papa hat stolz erzählt, wie er dich festgeschnallt hat, damit du nicht aus dem Bett kannst; kleine Mädchen gehören schließlich dahin, müssen immer auf Papa hören, bleiben alleine zuhause, alleine im großen Haus, im Dunkeln. Die Tante im Haus durfte nicht nach dir schauen. Und du musst immer so geschrien haben. Weißt du das nicht mehr?*

Das Bild, mein Bild, keiner wusste davon, selbst ich nicht mehr. Erinnerungen gelöscht. So etwas nennt man Selbstschutz.

Heute bin ich 38, halte das Bild in meinen Händen, das kleine Mädchen, das bin ich, jetzt kann ich es erkennen. Ich spüre immer noch die Angst, Angst im Dunkeln, Angst vor dem Alleinsein. Angst vor den anderen vergilbten Bildern. Was ist, wenn sie auch wahr sind? Mein Kopf zerspringt ... Und ich schreie!

Das nächste Beispiel ist das Schicksal der 14-jährigen Natascha:

Meine Mama war arbeiten, als mein Papa zu mir kam. Ich war schon im Bett, als ich seine Schritte hörte. Er kam zu mir in mein Zimmer: *Willst du noch was haben? Ich komme gleich zu dir, dann schlafen wir ...*

Er ging noch einmal runter. Ich weiß nicht warum, aber er kam nach einiger Zeit wieder hoch zu mir. Er zog sich um und ich hab mich zur Seite gedreht, weil ich das nicht sehen wollte. Er meinte, ich kann mich ruhig umdrehen und hinschauen; ich starrte zur Seite und schüttelte den Kopf. Er fing an zu lachen, wie verklemmt ich wäre!

Als er ausgezogen war, kam er ins Bett, ich lag von ihm weggedreht. Er rückte näher an mich und ich weiter zur Seite; er meinte, ob das mit meinem Bauch immer noch so schlimm wäre. Ich schüttelte den Kopf, seine Hand wanderte unter mein T-Shirt zu meinem Bauch. Er fing an, ihn zu streicheln und kam immer näher, ich spürte seine Hand, die blieb nicht am Bauch, sie rutschte höher. Er meinte, wie schön ich doch wäre und wie groß schon. Ich wollte nicht, dass er mich anfasst, wollte seine Hände nicht spüren, wollte weg da, aber ich konnte nicht, ich war wie gelähmt.

Ich lag da und versuchte zu atmen, was ich mich kaum mehr traute. Er meinte, ich sollte mein T-Shirt ausziehen, ich wollte nicht. Er packte es unten und zog es mir über den Kopf. Ich sollte mich auf den Rücken legen, er lag jetzt mit der Seite zu mir, er schaute mich an. Ich wollte nicht, dass er mich so anschaute und mich streichelte: *Das ist schön, oder?*

Ich sagte nichts, traute mich auch nicht. Seine Hand rutschte runter zu meiner Hose – bitte nicht, bitte! Ich hatte solche Angst: *Bitte, tu mir nicht weh!*

Seine Hand streichelte da unten, er zog mir die Hose aus. Er streichelte weiter da. Ich drückte die Beine zusammen, ich wollte das nicht! Er atmete schneller und nahm seinen Penis in die Hand; ich starrte zur Decke, er meinte zu mir, ich sollte mal anfassen, ich wollte nicht, drehte meinen Kopf weg. Er nahm meine Hand und berührte *ihn,* er bewegte sie auf und ab, irgendwann zog ich schnell meine Hand weg. Ich fing an zu weinen, wollte das nicht. Er meinte, ich sollte mich jetzt mal zusammenreißen und dass das schön wäre, wenn ich ihn lieb hätte, mitmachen würde. Ich weinte wieder, er aber meinte, ich sollte sofort herkommen. Ich kam nicht näher, daraufhin meinte er, es passierte gleich was.

Er kam näher und meinte, ich sollte meinen Mund aufmachen, mich runterbeugen. Ich wollte nicht, saß da und zitterte und weinte. Er griff mir in die Haare und riss mich runter, das tat so weh! Er meinte, ich sollte meinen Mund aufmachen oder er täte mir ganz, ganz toll weh. Er drückte mich runter, dass ich kaum mehr Luft bekam, musste würgen. Ich wollte meinen Mund zumachen, aber es ging nicht, er bewegte meinen Kopf hoch und runter … Ich weinte, er atmete immer schneller, meinte, wie toll ich wäre, aber ich wollte das nicht!

Irgendwann stieß er mich dann nach hinten, ich schnappte nach Luft, er drehte mich auf den Rücken und versuchte, meine Beine auseinanderzudrücken. Ich schlug um mich, aber er schaffte es – er war so viel größer als ich, soviel stärker! Er versuchte, in mich einzudringen. Er hielt meine Arme mit der einen Hand fest, mit der anderen versuchte er … Es hat so wehgetan, ich hab geweint. Dann war er an seinem Ziel – mein Schmerz unbeschreiblich!

Ich dachte, mein Bauch reißt auseinander, es tat so toll weh, so toll! Er stöhnte, ich krallte mich an seinen Armen fest, haute gegen seine Arme. Es tat so weh! Er bewegte sich schnell hin und her, ruckartig. Sein Gewicht drückte mir die Luft ab, sein Oberkörper auf meinem. Es tat so weh, ich weinte nur noch.

Er meinte, es wäre OK, ich machte das toll. Er strich mir wieder übers Gesicht und wurde immer schneller; ich flehte, er sollte aufhören. Er meinte, es wäre gleich vorbei und ich ein ganz liebes kleines Mädchen, sein kleines Mädchen. Er küsste mich. Er wurde wieder schneller. Ich wollte weg, mein Bauch tat so weh! Er meinte, er käme gleich und ich wäre so toll ... Mein ganzer Körper zitterte.

Er nahm mich in den Arm: *Das war toll!*

Ich wollte mich bewegen, aber ich konnte nicht. Er meinte, ich brauchte nicht so zu sein, er streichelte mein Gesicht. Er würde mich lieben und mir zeigen, was wahre Liebe bedeutete: er, der Einzige, der mich richtig liebte ...

Durch unser gelungenes Vertrauensverhältnis hat Natascha sich ihrer Mutter offenbart und ihr konnte geholfen werden.

Selina, 15 Jahre alt bei ihrer Vergewaltigung:

Sie läuft durch die Straßen und weiß nicht, wo sie hin soll. Ist in Gedanken versunken, denkt nur noch an den Tag. Den ganzen Tag gab es nur Stress zuhause und der verfolgt sie in ihren Gedanken. Sie passt nicht mehr auf und läuft immer weiter und weiter. Irgendwann schaut sie auf und bemerkt, dass sie nicht mehr auf ihrem Weg ist. Sie schaut sich unsicher um und merkt, dass sie die Stadt verlassen hat. Es ist schon ziemlich dunkel und die Straßenlampen brennen. Sie läuft geradeaus weiter, denkt, es wird schon gut gehen. Hinter sich hört sie Schritte, es macht sie unsicher. Sie geht weiter und die Schritte kommen immer näher. Ein Junge läuft neben ihr und packt sie an ihrer Schulter. Sie schaut ihn verwirrt an: *Was will er denn?*

Der drückt sie gegen die Wand und schreit ihr was ins Gesicht. Sie kann vor Angst nichts sagen, will am liebsten nur noch weg. Er packt sie mit beiden Händen an ihrer Schulter und sie versucht, ihn wegzudrücken. Er ist aber viel stärker und drückt sie wieder zurück an die Wand. Jetzt steht sie mit dem Gesicht zur Wand und weint innerlich.

Sie weiß nicht, was sie machen soll, und schaut sich verängstigt um. Da ist keiner, der ihr helfen könne. Der Junge drückt sie weiter an die Wand und flüstert ihr etwas zu, aber sie versteht es nicht. Er packt mit einer Hand an ihren Hals und drückt sie weiter an die Wand. Mit der anderen Hand beginnt er, ihr über den Rücken zu streicheln. Sie hat große Angst. Er fasst ihr in die Hose. Sie beginnt zu weinen und er drückt fester. Er flüstert ihr zu, dass sie ihre Hose aufmachen soll. Sie schreit, er solle sie in Ruhe lassen, er haut ihren Kopf gegen die Wand. Er greift um sie und öffnet ihre Hose und zieht sie runter. Sie weint und wünscht sich, nur noch zu sterben, damit alles aufhört. Er zieht ihr den Slip runter und fasst ihr zwischen die Beine. Er öffnet seine Hose und dringt in sie ein. Sie spürt nur Schmerz und Hass.
Er hört nicht auf, obwohl sie die ganze Zeit weint. Er hört nicht auf. Später flüstert er ihr etwas ins Ohr und lässt sie fallen. Er schaut sie noch einmal an und läuft dann schnellen Schrittes weg. Sie liegt an der Wand und kann nicht aufhören zu weinen.

Spätfolge Ritzen :
Anhand des nächsten Fallbeispieles können Sie erkennen, welche Spätfolgen ein Missbrauch haben kann. Hier geht es um eine junge Frau, die sich ritzt. Die Selbstverletzung löst die Spannung und den inneren Druck, unter dem die junge Frau leidet.

Ich konnte nicht ohne – hab mal wieder zur Klinge gegriffen – fühl mich so benutzt – überall Blut – es wird immer tiefer – bis es mir etwas von dem Druck nimmt – bin nichts wert – für alle nur zum Spaßhaben da – will das nicht, es tut so weh, oje!
Sunny

Es stimmt nicht, dass du nichts wert bist. Gerade du, die doch die Erste war, die hierher geeilt ist, um mich zu begrüßen.

Darf ich dich in den Arm nehmen und trösten, nimmst du ein wenig von meiner Kraft, damit sie dir hilft, mit dem Ritzen aufzuhören?

Ich brauche dich doch auch, wer außer dir bewundert denn mein Profilbild, wenn ich es mal wieder wechsle?

Komm, ich puste, damit es nicht mehr so weh tut ...

Andrea

Engelchen, was machst du denn? Ist es tief?

Ich verbinde deine Arme.

Angela

... ziemlich. Angela, was machst du hier, du sollst doch malen! Ich kann nicht mehr ...

Sunny

Sunny, wie lange willst du das weitermachen?

Mensch, meinst du, deine Kinder sind glücklicher, wenn es dir so schlecht geht?

Ich weiß aus Erfahrung, dass es sehr schlimm ist, das Ritzen! Aber irgendwann geht es vielleicht schief! Sunny du kannst das ändern.

Knuffel

Ich kenne das zu gut, sich weh zu tun ... Bis es schmerzt, man Blut sieht und erst wenn man sich wieder spürt, ist es wieder gut ... Danach hasst man sich, weil es hätte ja nicht sein müssen ...

Liebe Sunny, kannst du nicht versuchen, wenn du solchen Druck hast, dir anders weh zu tun? Es gibt so viele Skills, du weißt, Werkzeuge – wenn du merkst, dass du dir wehtun musst ...

Nimm ein Gummiband und schnipp damit am Handgelenk oder nimm ein Handtuch; drehe es ganz fest zusammen und lass deine Wut, deinen Schmerz in das Handtuch rein ...

Ich habe gerade gelesen, du hast Kinder? Wenn ja, geh zu ihnen und halt sie einfach nur fest, nimm sie in den Arm, damit du sie spürst ... So klappt es bei mir mit meiner kleinen Tochter. Sie ist mein größter Skill, den ich habe ...

Gut, alleine würde ich das auch nicht schaffen. Mein Freund hilft mir dabei, er drückt mir das Kind in den Arm: *Schau mal, sie liebt dich, sie braucht dich ...*

Ich habe daheim auch noch Ammoniak, einfach dran riechen ... Glaub mir, ist voll bäh! Oder Essig. Oder einen Duft, den du absolut nicht ausstehen kannst ... Egal was du machst, Sunny ... Wichtig ist, dass du wieder runterkommst, dass du dir sagst, ich schaffe das, ich muss mir nicht mehr wehtun ...

LG Maja

Guter Skill ist auch: in eine scharfe Peperoni beißen oder reines Vitamin C lutschen. Und ja, es braucht jede Menge Übung, Sunny. Wie lange willst du das noch mitmachen? Sunny, bitte gib dich nicht auf!

LG Angela

Sicher braucht man Übung damit ... und auch einen Menschen, der einen in seinen Nöten unterstützt ...

Ich denke, dass du bestimmt von wem geliebt wirst, dem tut es genau so weh wie dir, wenn du dir weh tust ...

Wie meiner Tochter: *Mama, heile, heile machen, pusten ...*

Ich mach's mal mit dir und nehme dich ganz lieb in den Arm.
LG Diana

In den nun folgenden Interviews mit den Betroffenen können Sie sich einen kleinen Einblick in ihr Leben verschaffen. Sie werden sehr schnell erkennen, dass keines der *Opfer* ohne Spätfolgen lebt.
Sie alle leiden noch heute unter den grausamen Geschehnissen, die ihr Leben und ihre Seele für immer geprägt haben.
Einige von ihnen kommen etwas besser mit den täglichen Anforderungen des Lebens zurecht als die anderen.
Viele tragen sich immer und immer wieder mit dem Gedanken des Suizides, da es für sie die einzige Möglichkeit darstellt, ihren Qualen und Schuldgefühlen zu entfliehen.
Auch wenn es für viele unvorstellbar ist – ja, wir, die Opfer, fühlen uns schuldig:

- *schuldig, da gewesen zu sein,*
- *schuldig, sich nicht ausreichend gewehrt zu haben,*
- *schuldig, ein hübsches Kind gewesen zu sein.*

Und fühlen uns schmutzig dafür.

Interviews mit Betroffenen von Missbrauch

Ich beginne mit dem Interview von Mike, einem männlichen Überlebenden von Missbrauch:

Hallo, Mike, mein Name ist Angela Moonlight. Ich habe im Frühjahr 2007 mein Buch *Rette mich! Manche Kinder werden ohne Schutzengel geboren* veröffentlicht. In dem Buch geht es um mehrfachen sexuellen Missbrauch.

Ich möchte mit unserem Interview gerne den Menschen nahebringen, unter welchen Bedingungen Missbrauchsopfer leben. Es ist mir sehr wichtig, hier die Seite der Betroffenen darzustellen. Viele trauen sich ein Leben lang nicht, darüber zu sprechen.

Wir hier wollen dieses Schweigen gemeinsam brechen.

Wie ich sind auch Sie ein Opfer von Missbrauch. Es gibt verschiedene Arten von Missbrauch.

1. Sind Sie in der Lage, über Ihren erlebten Missbrauch zu sprechen?

Phasenweise ja, dann aber wieder vergrab ich mich und das Erlebte. Der Wechsel ist auch so plötzlich, das selbst ich kaum damit umzugehen weiß, dann schäme ich mich auch dafür, jemals darüber gesprochen zu haben. Ich werfe es mir vor und werde dann wieder böse auf mich ...

2. Welche Art von Missbrauch ist Ihnen widerfahren?

Sexueller Missbrauch durch meinen Vater, physische Gewalt durch Einsperren ins dunkle Klo ...

3. Fand der Missbrauch durch Fremde oder durch Familienmitglieder statt?

Durch den Vater.

4. Wie lange liegt das schreckliche Ereignis zurück?

Mindestens 30 Jahre, ich war damals so etwa 10 oder 11.

5. Hatten Sie jemanden, mit dem Sie darüber sprechen konnten?

Nein, niemanden. In unserer Familie wird und wurde nie über Gefühle und Ähnliches gesprochen.

6. Wenn ja, mit wem? Hat man Ihnen geglaubt? Wenn nein, wie sind Sie damit umgegangen?

Habe mittlerweile fünfmal versucht, mir das Leben zu nehmen. Habe vier stationäre Therapien hinter mir und einige ambulante – in der Hoffnung, dass die Folgen, mit denen ich heute, mit 45, noch zu kämpfen habe, weniger werden. Leider mit minimalem Erfolg.

7. Wie konnten Sie das schreckliche Ereignis verarbeiten? Konnten Sie es überhaupt?

Ich arbeite täglich daran, aber verarbeitet habe ich das bis heute nicht ... immer noch nicht.

8. Können Sie sich daran erinnern, wann Sie das erste Mal darüber gesprochen haben? In einer Therapie, beim Arzt, mit einer Freundin?

Das erste Mal davon erzählt hab ich meiner Ex-Freundin. Die hatte mich nach einem Suizidversuch gefunden und in ärztliche Obhut übergeben. Kurz: in die geschlossene Abteilung einer Klinik, die auch versucht hat, mir zu helfen. Ja, wir wollten zusammenbleiben. Aber leider haben wir es nicht geschafft. Mittlerweile hat sie einen anderen Freund und wir sehen uns nur noch ab und zu …

9. Alle Opfer von Missbrauch leiden unter verschiedenen Symptomen. Können Sie mir sagen, wie Ihre Symptome aussehen? Hatten Sie schon einmal Selbstmordgedanken?

Ja! Suizidgedanken hab ich sehr oft! Versuche, wie gesagt, fünfmal. Auswirkungen? Ich höre seine Stimme, die mich ständig runtermacht, Albträume, kann nicht im Dunkeln schlafen, auch nicht, wenn es still ist. Bei mir läuft stets der Fernseher, ich hasse mich, meinen Körper, dass ich selbst Mann bin! Hasse Menschenmengen, ritzen! Habe sehr häufig starke und lang anhaltende Kopfschmerzattacken.

10. Haben Sie Schwierigkeiten in einem der folgenden Bereiche? Sozialer Bereich, beruflicher Bereich, privater Bereich?

Beruflich hab ich jede Menge Probleme: Da ich als Lagerist arbeite, bin ich umgeben von Männern. Ich hasse Männer!

Es gibt auf der Arbeit auch ziemlich viele Trigger, die sich leider auch schwer vermeiden lassen. Und dann fällt es mir schwer, mich auf die Arbeit zu konzentrieren,

Sozialer Bereich: Ich hasse es, wenn man mich einfach, ohne dass ich mein Okay gegeben habe, anfasst, dazu gehört das Auflegen der Hand auf die Schulter oder ein einfaches Zurseiteschieben, wenn ich im Weg stehe oder so ...

Privater Bereich: Ich schließe mich gerne ein; früher hab ich alle Rollläden runtergemacht, so dass keiner mich sah und ich der Umwelt nicht mehr zur Last fiel. Mittlerweile kann ich zumindest die Rollläden oben lassen ...

11. Was tun Sie, damit es Ihnen besser geht?

Ich mache Musik, das ist die einzige Möglichkeit, mal loszulassen und ein bisschen zu *fliegen*.

12. Befinden Sie sich derzeit in einer Therapie?

Leider zurzeit wieder mal auf der Suche …

13. Ist es eher eine Verhaltens- oder eine Traumatherapie? Hilft Ihnen die Therapie weiter?

Eine Traumatherapie. Auch das ist unterschiedlich – mal ja, mal nein, kommt immer auf das Thema an. Auf meine Tagesform und ob *er* es überhaupt erlaubt, drüber zu reden.

14. Ich meinerseits habe schon einige Therapien hinter mir. Im Moment läuft meine letzte Therapie aus. Wie viele Therapien haben Sie schon gemacht?

Vier stationäre – gute und grottenschlechte – und drei ambulante Therapien …

15. Meine Therapieformen waren alle ambulant. Wie ist das bei Ihnen? Wenn stationär, welche Erfahrungen haben Sie gemacht?

Es waren teilweise so grottenschlechte Kliniken dabei, mit unqualifiziertem, überfordertem und überlastendem Personal, dass ich die Zeit hätte besser anders nutzen sollen. Selbst die eine Psychologin war meiner Meinung nach dem Thema nicht gewachsen.

16. Wurde die Therapie medikamentös begleitet? Wenn ja, wie ging es Ihnen damit?

Teilweise wurden mir Medikamente angeboten, die mich erst mal behandlungsfähig gemacht haben. Aber meistens hab ich die abgelehnt, da ich vielfach mit Tabletten versucht hab, mich umzubringen. Und das wollte ich vermeiden: wieder zu sammeln!

17. Litten Sie unter Nebenwirkungen der Medikamente? Wenn ja, welche waren es?

Gewichtszunahme. Aber mich triggert ein dicker Bauch!

18. Müssen Sie die Medikamente immer noch einnehmen?

Nur Migränetabletten und Betablocker. Den Rest nehme ich nicht mehr!

19. Ich habe mich vor längerer Zeit zu einem schwierigen Schritt durchgerungen: Ich habe gegen die noch lebenden Täter Strafanzeige gestellt. Haben auch Sie Strafanzeige gestellt? Wenn ja, wie waren Ihre Erfahrungen damit?

Ich brauch das nicht mehr! Mein Vater ist tot! Hätte also keinerlei Sinn.

20. Nächster schwerer Schritt war der Antrag auf Opferentschädigung beim Amt für soziale Angelegenheiten. Haben auch Sie einen solchen Antrag gestellt?

Das kenn ich gar nicht ... Weiß nicht, ob mir so was auch zusteht, da ich keinen angezeigt hab und die Sache ja schon so lange her ist.

21. Wenn ja, wie sind Ihre Erfahrungen mit dem OEG? Fühlen Sie sich verstanden und unterstützt?

Nein, in keiner Weise.

22. Was würden Sie sich von einer solchen Einrichtung oder vom Staat wünschen?

Begleitung im normalen Alltag ... Beruf und so.

23. Was wissen Sie über die Verjährungsfristen?

Leider nichts!

24. Denken Sie, dass die Zeit ausreichend für die Opfer ist, um Strafanzeige zu erstatten?

Weiß ich nicht.

25. Erhalten Sie Ihrer Meinung nach genügend Unterstützung und Schutz durch die öffentlichen und juristischen Behörden?

Keine Unterstützung!

26. Ein paar Fragen zu Ihrem näheren Umfeld. Leben Sie in einer Beziehung?

Nach meiner letzten stationären Therapie lebe ich wieder in einer Beziehung. Hab meine Partnerin in der Klinik kennen gelernt.

27. Wie gestaltet sich diese Beziehung?

Wechselhaft. Ist halt schwer für Außenstehende zu wissen, was man in diesem Moment gerade machen darf und was nicht! Also, wann sie mich anfassen darf und wann nicht zum Beispiel.

28. Weiß Ihre Partnerin von Ihrer Vergangenheit?

Ja, sie weiß Bescheid, anders geht's gar nicht!

29. Welche Schwierigkeiten bestehen in der Beziehung, sprich Sexualität, Nähe, Distanz?

Nähe und Distanz habe ich bereits beschrieben. In der Sexualität sind verschiedene Sachen ausgeklammert und wenn ich nicht angefasst werden will, dann fällt Sex sowieso flach!

30. Wie geht sie damit um?

Zurzeit klappt das ganz gut: Sie lässt mich in Ruhe, wenn ich meine Phasen habe.

31. Wie steht es mit dem Vertrauen in Ihrer Beziehung? Was bedeutet das Wort Liebe für Sie? Was das Wort Angst?

Liebe heißt Vertrauen, sich auf den anderen einlassen. Angst heißt, dass genau das ausgenutzt werden könnte!

32. Welche Einstellungen herrschen in Ihrer Familie in Bezug auf Ihr Missbrauchserlebnis? Weiß sie Bescheid darüber? Wird darüber gesprochen oder eher darüber geschwiegen?

Wie bereits erwähnt, über Gefühle und Ähnliches wird nicht gesprochen.

33. Was würden Sie sich von Ihrer Familie wünschen?

Nichts.

34. Eine Frage, die man mir persönlich häufig stellt, die ich allerdings nicht bejahen kann, ist: Hast du das Erlebte verarbeitet? Bist du geheilt? Hört das jemals auf? Kennen auch Sie solche Fragen? Wie sind Ihre Ansichten dazu?

Nein, ich bin weit entfernt von einer Heilung! Ich hab vielleicht das eine oder andere schon geschafft, aber ich *lebe* noch immer nicht! Die Nebenwirkungen haben noch immer nicht nachgelassen! Ich kämpfe noch immer gegen jeden Tag. Das kann's nicht sein! Jetzt weiß ich nicht, ob Sie verstehen, was ich damit sagen will?

35. Abschließend möchte ich noch ein paar Fragen in Richtung Täter stellen. Glauben Sie, Sie schaffen es, mir diese zu beantworten?

Ich weiß es nicht.

36. Was denken Sie über Ihren Täter?

Nichts. Er lebt ja noch in mir weiter!

37. Wie würde für Sie eine ausreichende Bestrafung aussehen?

Er hat seine Strafe bereits bekommen. Er ist an Krebs gestorben.

38. Können Sie sich vorstellen, dass Täter nach ausreichender Therapie rehabilitiert werden können? Und somit zurück in die Gesellschaft geführt werden können?

Nein! Ich denke mal, wie ja auch immer wieder bestätigt, das funktioniert nicht.

39. Denken Sie, in einem solchen Fall kann es Gerechtigkeit für die Betroffenen geben?

Gerechtigkeit für Betroffene gibt es eh nicht! Oder kann man so was wiedergutmachen?

40. Versuchen Sie sich einmal vorzustellen, Ihr Täter würde vor Ihnen stehen. Selbstverständlich kann er Sie weder bedrohen noch angreifen. Was würden Sie ihm sagen wollen?

Das stell ich mir besser nicht vor ...

41. Welche Gedanken und Vorstellungen gehen in Ihrem Kopf herum, wenn Sie an diesen Menschen denken?

Dass er mich heute noch besitzt …

42. Welche Gefühle kommen in Ihnen hoch?

Dass ich so langsam die Kraft verliere, mich immer und immer wieder versuche, dagegen zu stemmen ...

43. Was hat das Wort LEBENSLÄNGLICH für eine Bedeutung für Sie?

Dazu müsste und möchte ich gerne wissen, wie *leben* ist …

44. Noch einmal zu Ihnen zurück. Nach diesem Interview – wie geht es Ihnen jetzt?

Ich glaub, das wird eine schlaflose Nacht. Denke mal, spätestens morgen werde ich es mir wieder vorwerfen, das hier gemacht zu haben.

45. Ich kann mir vorstellen, dass Sie emotional sehr stark angespannt sind. Gibt es jemanden, mit dem Sie dies nun aufarbeiten können? Eine Therapeutin, eine Freundin oder sogar eine Ärztin? Ich möchte auf keinen Fall, dass Sie nun alleine bleiben.

Nun, mein Hund ist bei mir. Der hilft mir sehr viel – nicht lachen, stimmt wirklich.

46. Was wünschen Sie sich für Ihre Zukunft?

Dass die Stimme aufhört, mich runterzumachen. Dass das Ritzen aufhört, die Kopfschmerzen nachlassen, das alles nachlässt … Und Platz für *leben* frei wird! Das wünsche ich mir.

Interview mit Luna:

1. Sind Sie in der Lage, über Ihren erlebten Missbrauch zu sprechen?

So, ich versuche mal, meine Antworten zu geben, hoffe, dass ist so okay. In meinem richtigen Leben kann ich nicht drüber sprechen, aber virtuell – schreiben – geht etwas.

2. Welche Art von Missbrauch ist Ihnen widerfahren?

Psychischer und sexueller Missbrauch.

3. Fand der Missbrauch durch Fremde oder durch Familienmitglieder statt?

Durch beide, Familienmitglied und Fremde.

4. Wie lange liegt das schreckliche Ereignis zurück?

Es begann mit cirka vier Jahren und das letzte Ereignis liegt zwei Wochen zurück.

5. Hatten Sie jemanden, mit dem Sie darüber sprechen konnten?

Nein.

6. Wenn ja, mit wem? Hat man Ihnen geglaubt? Wenn nein, wie sind Sie damit umgegangen?

Ich bin sehr verschlossen geworden.

7. Wie konnten Sie das schreckliche Ereignis verarbeiten? Konnten Sie es überhaupt?

Ich habe noch gar nichts verarbeitet. Konnte bis vor Kurzem sehr gut abspalten und damit hat mein Leben funktioniert.

8. Können Sie sich daran erinnern, wann Sie das erste Mal darüber gesprochen haben? In einer Therapie, beim Arzt, mit einer Freundin?

Ich schrieb vor fünf Monaten einer Thera von der Beratungsstelle, was bei mir so körperlich los ist. Und vor cirka drei Monaten kamen die ersten Erinnerungen, die ich ihr auch per Mail schickte, reden geht nicht.

9. Alle Opfer von Missbrauch leiden unter verschiedenen Symptomen. Können Sie mir sagen, wie Ihre Symptome aussehen? Hatten Sie schon einmal Selbstmordgedanken?

Zurzeit leide ich unter körperlichen Schmerzen – Unterleib, Brust, Magen, Rücken, Kopf –, unter Flashbacks, Träumen, einfach keine Kraft mehr haben … Selbstmordgedanken begleiten mich schon mein ganzes Leben und sind zurzeit wieder sehr häufig da.

10. Haben Sie Schwierigkeiten in einem der folgenden Bereiche? Sozialer Bereich, beruflicher Bereich, privater Bereich?

Es ist schwierig, in einer Beziehung zu leben. Ich ertrage körperliche Nähe von meinem Mann nicht gut, habe Probleme, unter Menschen zu gehen oder mich mal für was einzusetzen.

11. Was tun Sie, damit es Ihnen besser geht?

Gute Frage – mich im Internet austauschen, aber viel besser wird es nicht.

12. Befinden Sie sich derzeit in einer Therapie?

Richtig in Therapie nicht. Ich bin aber aller zwei Wochen zu Einzelgesprächen bei einer Frauenberatungsstelle.

13. Ist es eher eine Verhaltens- oder eine Traumatherapie? Hilft Ihnen die Therapie weiter?

Traumatherapie? Ich besuche lediglich eine Gruppe für Traumatisierte.

14. *Ich meinerseits habe schon einige Therapien hinter mir. Im Moment läuft meine letzte Therapie aus. Wie viele Therapien haben Sie schon gemacht?*

Keine.

15. Meine Therapieformen waren alle ambulant. Wie ist das bei Ihnen?

–

16. Wenn stationär, welche Erfahrungen haben Sie gemacht?

–

17. Wurde die Therapie medikamentös begleitet? Wenn ja, wie ging es Ihnen damit?

Ich sollte was nehmen – das zeigte aber keine positive Wirkung.

18. Litten Sie unter Nebenwirkungen der Medikamente? Wenn ja, welche waren es?

Ich war müde und bekam meinen Tagesablauf nicht mehr auf die Reihe, deshalb nehme ich gerade nichts.

19. Müssen Sie die Medikamente immer noch einnehmen?

Mal sehen, was wir als Nächstes ausprobieren, bräuchte eigentlich schon etwas, weil ich so kaputtgehe.

20. Ich habe mich vor längerer Zeit zu einem schwierigen Schritt durchgerungen. Ich habe gegen die noch lebenden Täter Strafanzeige gestellt. Haben auch Sie Strafanzeige gestellt? Wenn ja, wie waren Ihre Erfahrungen damit?

Nein.

21. Nächster schwerer Schritt war der Antrag auf Opferentschädigung beim Amt für soziale Angelegenheiten. Haben auch Sie einen solchen Antrag gestellt?

–

22. Wenn ja, wie sind Ihre Erfahrungen mit dem OEG?

–

23. Fühlen Sie sich verstanden und unterstützt?

–

24. Was würden Sie sich von einer solchen Einrichtung oder vom Staat wünschen?

Dass zumindest die Therapien bezahlt würden und nicht den Opfern noch überall Steine in den Weg gelegt werden.

25. Was wissen Sie über die Verjährungsfristen?

Ich glaube, die richten sich nach dem Strafmaß für die Tat.

26. Denken Sie, dass die Zeit ausreichend für die Opfer ist, um Strafanzeige zu erstatten?

Ich denke, man sollte sein ganzes Leben Zeit haben, Anzeige zu erstatten, bei vielen Opfern kommt das Bewusstsein des Missbrauchs ja erst Jahre später.

27. Erhalten Sie Ihrer Meinung nach genügend Unterstützung und Schutz durch die öffentlichen und juristischen Behörden?

Ich kenne mich da nicht so wirklich aus und ich für meinen Teil könnte das nicht so öffentlich machen, aber da besteht auch keine Gefahr für andere. Ansonsten muss man das schon gut überlegen.

28. Ein paar Fragen zu Ihrem näheren Umfeld. Leben Sie in einer Beziehung?

Ich bin seit 11 Jahren verheiratet.

29. Wie gestaltet sich diese Beziehung?

Wir wohnen mit unseren drei Kindern und einem Hund in einem Haus. Typisches Rollenverhalten: Mann geht arbeiten, Frau macht den Rest.

30. Weiß Ihr Partner von Ihrer Vergangenheit?

Er weiß, dass Missbrauch stattgefunden hat, aber nicht wann, wie lange, was und durch wen.

31. Welche Schwierigkeiten bestehen in der Beziehung, sprich Sexualität, Nähe, Distanz?

Für ihn keine. Für mich ist Sexualität Horror und Nähe ertrag ich auch nicht.

32. Wie geht er damit um?

So, als wenn nichts wäre.

33. Wie steht es mit dem Vertrauen in Ihrer Beziehung? Was bedeutet das Wort Liebe für Sie? Was das Wort Angst?

Vertrauen kenn ich nicht, Liebe nur zu meinen Kindern. Und Angst bestimmt oft mein Leben.

34. Welche Einstellungen herrschen in Ihrer Familie in Bezug auf Ihr Missbrauchserlebnis. Wissen Sie Bescheid darüber? Wird darüber gesprochen oder eher darüber geschwiegen?

Es ist kaum bekannt und es wird darüber geschwiegen.

Was würden Sie sich von Ihrer Familie wünschen?

Ich weiß es nicht – möchte einfach nur Ruhe.

35. Eine Frage, die man mir persönlich häufig stellt, die ich allerdings nicht bejahen kann, ist: Hast du das Erlebte verarbeitet? Bist du geheilt? Hört das jemals auf? Kennen auch Sie solche Fragen? Wie sind Ihre Ansichten dazu?

Ich glaube, wirklich heilen kann man nicht – lernen, damit zu leben und vielleicht auch glücklich sein. Aber es wird immer wieder schwierige Zeiten geben und das ist etwas, was Außenstehende nur schwer verstehen können. Da kommt immer ganz schnell die Frage, ob es mir wieder besser gehe ... Sie haben keine Ahnung, was wirklich in einem los ist und dass es nicht nach einer Woche vorbei ist.

36. Abschließend möchte ich noch ein paar Fragen in Richtung Täter stellen. Glauben Sie, Sie schaffen es, mir diese zu beantworten?

Mal sehen.

37. Was denken Sie über Ihre Täter?

Hm, denke, sie haben selber kein schönes Leben gehabt.

38. Wie würde für Sie eine ausreichende Bestrafung aussehen?

Ich glaub, sie sind schon gestraft. Denke da wenig drüber nach, da ich die Schuld eher bei mir sehe.

39. Können Sie sich vorstellen, dass Täter nach ausreichender Therapie rehabilitiert werden können? Und somit zurück in die Gesellschaft geführt werden können?

Es kommt auf die Fälle an, ich denke, manches kann man therapieren, aber nicht alles.

40. Denken Sie, in einem solchen Fall kann es Gerechtigkeit für die Betroffenen geben?

Gerechtigkeit gibt es nie.

41. Versuchen Sie sich einmal vorzustellen, Ihr Täter würde vor Ihnen stehen. Selbstverständlich kann er Sie weder bedrohen noch angreifen. Was würden Sie ihm sagen wollen?

Gar nichts, stehe ihm oft genug gegenüber.

42. Welche Gedanken und Vorstellungen gehen in Ihrem Kopf herum, wenn Sie an diesen Menschen oder diese Menschen denken?

Eisige Kälte.

43. Welche Gefühle kommen in Ihnen hoch?

Fühle mich selber klein und schuldig und benutzt.

44. Was hat das Wort LEBENSLÄNGLICH für eine Bedeutung für Sie?

Lebenslänglich ein Kampf.

45. Noch einmal zu Ihnen zurück. Nach diesem Interview – wie geht es Ihnen jetzt?

Ich stehe vorm Abgrund, aber das hat nichts mit dem Interview zu tun.

46. Ich kann mir vorstellen, dass Sie emotional sehr stark angespannt sind. Gibt es jemanden, mit dem Sie dies nun aufarbeiten können? Eine Therapeutin, eine Freundin oder sogar eine Ärztin? Ich möchte auf keinen Fall, dass Sie nun alleine bleiben.

Mach immer alles mit mir aus.

47. Was wünschen Sie sich für Ihre Zukunft?

Hätte ich keine Kinder, hätte ich meiner Sehnsucht längst nachgegeben …

Abschließende Anmerkung: Die starken Suizidgedanken bei Luna sind immer noch vorhanden.

Interview mit Dirk:

1. Sind Sie in der Lage, über Ihren erlebten Missbrauch zu sprechen?

Ja. Viele Details fehlen allerdings. Wenn ich über den Missbrauch erzähle, geschieht dies oft mit wenigen oder gar ohne Emotionen dabei.

2. Welche Art von Missbrauch ist Ihnen widerfahren?

Analer – soweit ich weiß, einmal – sowie oraler Sex. Streicheln im Intimbereich, Küsse usw. sowie Androhung von Gewalt und Androhung, dass ich wegkomme von der Familie, wenn ich etwas sage.

3. Fand der Missbrauch durch Fremde oder durch Familienmitglieder statt?

Ein paar Mal durch ein Familienmitglied. Über Jahre – bis zum cirka 16./17. Lebensjahr – durch einen Cousin.

4. Wie lange liegt das schreckliche Ereignis zurück?

Etwa 20 Jahre.

5. Hatten Sie jemanden, mit dem Sie darüber sprechen konnten?

Damals nein. Ich redete das erste Mal mit 29 Jahren darüber, mit einer Therapeutin. Ich hatte es zum größten Teil verdrängt, es war mir also nicht mehr bewusst.

6. Wenn ja, mit wem? Hat man Ihnen geglaubt?

Ja, das erste Mal redete ich mit meiner Therapeutin darüber, sie machte mich darauf aufmerksam, was mit mir ist.

7. Wenn nein, wie sind Sie damit umgegangen? Wie konnten Sie das schreckliche Ereignis verarbeiten? Konnten Sie es überhaupt?

Ich rede viel darüber, soweit es mir gelingt. Ich hole mir viel Feedback. Verarbeitet ist dies speziell noch nicht.

8. Können Sie sich daran erinnern, wann Sie das erste Mal darüber gesprochen haben? In einer Therapie, beim Arzt, mit einer Freundin?

Ja, mit meiner Therapeutin im Jahre 2000/01.

9. Alle Opfer von Missbrauch leiden unter verschiedenen Symptomen. Können Sie mir sagen, wie Ihre Symptome aussehen? Hatten Sie schon einmal Selbstmordgedanken?

Meine Symptome sind Depressionen, Ängste, soziale Phobie, Körperfremdwahrnehmung, Essstörung, Schlafstörungen. Und Angst, niemand glaubt mir, Grübeleien darüber, was hätte ich anders machen können usw. Ständige dissoziative Anfälle, die ich oft nicht wahrnehme, Migräne, Anzeichen von Alkoholsucht. Nicht vorhandene eigene Identität, früher unkontrollierbare Wutausbrüche, geringe Frustrationsrate, öfters suizidale Gedanken. Kein großes Vertrauen in die Menschen, intime Beziehungen nicht möglich, Genießen nicht möglich, Partnerschaften nicht möglich.

10. Haben Sie Schwierigkeiten in einem der folgenden Bereiche? Sozialer Bereich, beruflicher Bereich, privater Bereich?

Ja, in allen. Im beruflichem Bereich wurde ich durch mein Verhalten gekündigt – habe nie meine Meinung gesagt und vertreten, Ängste gehabt, man mag mich nicht usw. Privat wenig Freundschaften, augenblicklich zwei.

11. Was tun Sie, damit es Ihnen besser geht?

In die Natur gehen, Videos mit meiner Geschichte und Gefühlen gestalten, Therapie und Klinikaufenthalte und Sport machen – gegenwärtig allerdings nicht. Und viel reden über mich, aber auch über andere Schwierigkeiten von Personen. Musik hören oder ein Buch lesen.

12. Befinden Sie sich derzeit in einer Therapie?

Nein.

13. Ist es eher eine Verhaltens- oder eine Traumatherapie? Hilft Ihnen die Therapie weiter?

Früher eine Verhaltenstherapie – sechs Jahre, bis 2006. Und 2007 für ein halbes Jahr eine Traumatherapie. Die erste hat mir etwas geholfen.

14. Ich meinerseits habe schon einige Therapien hinter mir. Im Moment läuft meine letzte Therapie aus. Wie viele Therapien haben Sie schon gemacht?

Ambulante Therapien und zwei Klinikaufenthalte.

15. Meine Therapieformen waren alle ambulant. Wie ist das bei Ihnen?

Sehen Sie Frage 16.

16. Wenn stationär, welche Erfahrungen haben Sie gemacht?

Keine guten. Immer wieder habe ich erfahren, man nimmt sich meiner nicht an. Man gab zu schnell auf, mit mir intensiver zu schauen. Oft wurde man nach einer Einzelsitzung alleine gelassen. In einer Klinik gab es Bezugsschwestern, die aber nicht oft für mich da waren oder sich meiner ernsthaft angenommen hätten. Die andere Klinik war ein Rehabereich, um meine Leistung zu beurteilen – diese beurteilte mich als voll leistungsfähig, was ich aber nicht bin; da geht es meiner Meinung nach um das liebe Geld. Positiv war, dass ich jeweils Freundschaften gründen konnte – die aber nie lange dann gehalten haben.

17. Wurde die Therapie medikamentös begleitet? Wenn ja, wie ging es Ihnen damit?

Ja. Mit Medikamenten ging es eigentlich gut, war aber negativ eingestellt denen gegenüber, weil ich immer befürchtete, ich würde entweder davon abhängig oder impotent. Und dass ich meine Wahrnehmungen nicht mehr behielte, also Kontrolle abgäbe über mich, Ängste bekäme, dass dann etwas Schlimmes wie Gewalt oder Missbrauch passieren könnte.

18. Litten Sie unter Nebenwirkungen der Medikamente? Wenn ja, welche waren es?

Ja, Potenzschwäche, weniger Gefühlswahrnehmung, Verwirrtheit, Müdigkeit.

19. Müssen Sie die Medikamente immer noch einnehmen?

Ja. Seit April 2008 wieder.

20. Ich habe mich vor längerer Zeit zu einem schwierigen Schritt durchgerungen. Ich habe gegen die noch lebenden Täter Strafanzeige gestellt. Haben auch Sie Strafanzeige gestellt? Wenn ja, wie waren Ihre Erfahrungen damit?

Habe ich auch gemacht. Ich musste intensiv aussagen: was passiert ist, den Ort, die Zeit und wie oft. Da ich aber noch viele Lücken habe und nur zwei definitive Erinnerungen, kam es mir vor, als würde man mir nicht glauben. Die Kripo-Beamtin war aber sehr höflich und erklärte mir jedes Mal, warum sie diese Fragen stellte. Nach der Vernehmung wurde ich aber alleine gelassen, da hätte ich mir eine Nachbetreuung gewünscht. Ich bin dennoch froh, dass ich eine Anzeige gemacht habe. Zur Verhandlung ist es aber nie gekommen, da alles offensichtlich laut Gesetz verjährt war. Und das bedaure ich sehr, das tut mir weh, das warf mich wieder auf den Boden – man glaubt mir doch nicht und dieser Täter darf weitermachen …

21. Nächster schwerer Schritt war der Antrag auf Opferentschädigung beim Amt für soziale Angelegenheiten. Haben auch Sie einen solchen Antrag gestellt?

Ja.

22. Wenn ja, wie sind Ihre Erfahrungen mit dem OEG?

Auch sehr ähnlich. Ich sollte Namen nennen, Zeugen. Ich sollte Namen nennen, die eventuell die sexuellen Übergriffe und Missbräuche mitbekommen hatten, die gab es aber meines Wissens nicht. Ich gab die Namen meiner Familienmitglieder an, was mir sehr schwer fiel, weil wir in der Familie nicht wirklich bis dato darüber geredet hatten. Ich sollte wieder detailliert darüber berichten, was gewesen war. Ich sollte Beweise senden … Habe ich aber nicht mehr da, alles vernichtet ist.

23. Fühlen Sie sich verstanden und unterstützt?

Nein! Immer wieder fühle ich mich missverstanden und dass man es anzweifelt, dass es so gewesen ist, wie ich berichtet habe.

24. Was würden Sie sich von einer solchen Einrichtung oder vom Staat wünschen?

Dass Nachforschungen gemacht werden, dass man sich an Ärzte, Kliniken und Therapeuten wendet. Dass man nicht wieder so detailliert darüber reden muss, dass sie einem auch sagen, dass sie wissen, dass ich die Wahrheit sage. Und dass sie nicht immer so zweifeln, nur weil ich keine konkreten Erinnerungen habe, dass man sich auch mal an den Täter wendet …

25. Was wissen Sie über die Verjährungsfristen?

Nichts wirklich. Ich weiß nur von der Anzeige her, dass mein Missbrauch wohl vom Gesetz her nicht so schlimm sein muss, um die 28 Jahre Verjährungsfristen zu bekommen. Ich habe nie Brutalitäten wie Schläge von diesem Täter erfahren – aber halt von den Eltern, was ein anderes Thema ist.

26. Denken Sie, dass die Zeit ausreichend für die Opfer ist, um Strafanzeige zu erstatten?

Nein! Es dürfte keine Verjährungsfristen geben! Das würde den Opfern sehr helfen.

27. Erhalten Sie Ihrer Meinung nach genügend Unterstützung und Schutz durch die öffentlichen und juristischen Behörden?

Nein. Im Gegenteil, ich werde zu oft angezweifelt und nicht beachtet. Ich bekomme Harz IV, weil ich keine Arbeit habe – warum ich nicht arbeite, interessiert nicht. Mir wird da vermittelt, ich sei einfach zu faul dazu. Auch sonst erhielt ich keine Unterstützung bisher und wüsste auch nicht, wie diese von Behörden denn aussehen könnten. Ich muss mich um alles alleine kümmern …, egal ob ich kann oder nicht.

28. Ein paar Fragen zu Ihrem näheren Umfeld. Leben Sie in einer Beziehung?

Nein.

29. Wie gestaltet sich diese Beziehung?

Beziehung zum Freund … ja. Sehr schwer. Wir versuchen, darüber zu reden, über Verhaltensweisen usw., aber oft merke ich, dass er Schwierigkeiten mit meinem Verhalten hat. Oft weiß er immer noch nicht, wie er mit mir umgehen soll, wenn ich wieder klein bin, ein Kind, wenn ich beiße und schreie oder extreme Zuwendung brauche.

30. Weiß Ihr Partner von Ihrer Vergangenheit?

Ja, mein bester Freund weiß davon.

31. Welche Schwierigkeiten bestehen in der Beziehung, sprich Sexualität, Nähe, Distanz?

Nun ja. Es ist dann doch eine Art Partnerschaft, so gesehen. Ich habe mit ihm Sex. Nur seit Monaten sehr wenig, weil ich ihn nicht mehr ertragen kann, wie er dann ist, er ist einfach nicht anziehend für mich. Ich persönlich habe mittlerweile auch Potenzschwäche bei ihm und ich bestimme ständig, was er machen soll usw. Es funktioniert, so gesehen, einfach nicht mehr, wie gewünscht. Nähe geht ab und zu, ich muss aber immer bestimmen, wie weit. In allen Beziehungen ist das so.

32. Wie geht er damit um?

Natürlich beleidigt und ignorierend. Auf vieles lässt er sich nicht mehr ein, auf vieles reagiert er sarkastisch.

33. Wie steht es mit dem Vertrauen in Ihrer Beziehung? Was bedeutet das Wort Liebe für Sie? Was das Wort Angst?

Das Vertrauen zu ihm ist schon da, mehr als bei allen Anderen. Das Wort Liebe bedeutet für mich Wünsche, Hoffnung, Freiheit, Sehnsucht, Wärme, Anlehnung, Freude, Glück. Ich mag ihn sehr, aber liebe ihn nicht und könnte mir nie eine intensive Beziehung, wie man sie kennt – die klassische – vorstellen.

Das Wort Angst bedeutet, machtlos zu sein, keine Kontrolle zu haben über sich und Situationen, gefesselt zu sein, Schmerzen zu haben, eingeengt, betrübt, alleine zu sein. Dafür verurteilt zu sein, wie man ist und große Trauer empfinden, keine Freude haben. Unfähig zu sein, Grenzen zu zeigen und ausgeliefert zu sein, missbraucht zu werden – jeglicher Art. Selbst Missbrauch zu betreiben, verrückt zu sein, nichts aus seinem Leben machen zu können, hoffnungslos zu bleiben, Qualen zu haben.

34. Welche Einstellungen herrschen in Ihrer Familie in Bezug auf Ihr Missbrauchserlebnis? Wissen Sie Bescheid darüber? Wird darüber gesprochen oder eher darüber geschwiegen?

Sie wissen es, aber es wird verschwiegen. Meine Mutter reagiert mit Ignoranz und geht bei diesem Thema dann auf meine Geschwister über – auf mich und das, was ich erlebt habe und weiß, geht sie nicht ein. Mein Vater ist seit November 2006 tot, er hat nie mit mir darüber geredet, er machte mir aber Vorwürfe, dass ich die Familie zerstörte.

35. Was würden Sie sich von Ihrer Familie wünschen?

Dass ich darüber reden darf. Dass man mich auch fragt, was war, dass man mir mal zuhört, dass man mich beachtet, dass man auf mich zugeht, dass man mich unterstützt mit Wort und Tat und Geld.

36. Eine Frage, die man mir persönlich häufig stellt, die ich allerdings nicht bejahen kann, ist: Hast du das Erlebte verarbeitet? Bist du geheilt? Hört das jemals auf? Kennen auch Sie solche Fragen? Wie sind Ihre Ansichten dazu?

Ja, diese kenne ich auch. Verarbeitet? Nein. Geheilt? Nein. Hört das jemals auf? Ja, wenn man es verarbeiten kann, dann ist es nur noch eine Vergangenheit. Es gehört zu meinem Leben dazu, aber prägt mich im Hier und Jetzt nicht mehr. Ich denke schon, dass man es verarbeiten kann, aber es bedarf großer Kraft und Mutes, sich diesem wirklich zu stellen. Die Gefühle vor allem, die dann hochkommen, dieses Durchleben, was war – das ist es doch, was viele einfach daran auch hindert, es zu verarbeiten. Und die Gesellschaft sowie Behörden und Gesetze helfen da nicht unbedingt uns.

37. Abschließend möchte ich noch ein paar Fragen in Richtung Täter stellen. Glauben Sie, Sie schaffen es, mir diese zu beantworten?

Ja.

38. Was denken Sie über Ihren Täter?

Oh, das ist echt schwer. Ich verspüre eher diese Wut ihm gegenüber, aber auch meinen Eltern und der verstorbenen Oma, die den Täter aufnahm usw. Ich verspüre aber auch Trauer und Mitleid ihm gegenüber. Ich weiß, dass er selber eine sehr schwere Kindheit hatte. Und ich hatte sehr lange Kontakt noch zu ihm, ich kenne ihn etwas. Daher tut es so weh, was er gemacht hat. Er ist geisteskrank! Er ist dazu ein Pädophiler. Er ist pervers. Und er ist ekelig, er stinkt und ist fett, er ist ein falscher und kranker Mensch.

39. Wie würde für Sie eine ausreichende Bestrafung aussehen?

Dass er für immer büßen muss, weggesperrt wird, um nicht weiter seine perversen Neigungen ausleben zu können. Er müsste sterilisiert werden, dazu sich immer wieder dieser Thematik eines Missbrauchs an Kindern stellen. Er müsste immer ein T-Shirt tragen, wo draufsteht, er wäre ein Kinderficker. Er müsste jedem Opfer, was er zum Opfer gemacht hat, Geld zahlen.

40. Können Sie sich vorstellen, dass Täter nach ausreichender Therapie rehabilitiert werden können? Und somit zurück in die Gesellschaft geführt werden können?

Nein. Ein Täter muss kontrolliert werden!

41. Denken Sie, in einem solchen Fall kann es Gerechtigkeit für die Betroffenen geben?

Nein. Die gibt es nicht, zumal der Täter laut Gesetz alle Therapiemöglichkeiten bekommt und eine Chance, in die Gesellschaft wieder eingegliedert zu werden – was ist mit uns Opfern? Was bekomme ich?

42. Versuchen Sie sich einmal vorzustellen, Ihr Täter würde vor Ihnen stehen. Selbstverständlich kann er Sie weder bedrohen noch angreifen. Was würden Sie ihm sagen wollen?

Darauf warte ich ja. Ich würde ihm alles sagen, was ich durchlebt habe, wie es mir geht und würde Gerechtigkeit verlangen. Ich würde ihn aber eher angreifen und verhauen oder so was … Und fragen, warum er das gemacht hat, warum er Vertrauen ausgebeutet hat, warum er sich nie ernsthaft bei mir entschuldigt hat, warum er mich nie gefragt hat, wie es mir geht mit dem, was er mir angetan hat! Ich würde ihn fragen, was er sich vorstellt, ob er eine Wiedergutmachung will, wie diese aussieht …

43. Welche Gedanken und Vorstellungen gehen in Ihrem Kopf herum, wenn Sie an diesen Menschen oder diese Menschen denken?

Mir ist zum Kotzen. Sie sind perverse, kranke Menschen, sie sind nicht fähig, sich zu reflektieren – diese Menschen müssten eingesperrt werden für immer und diese Menschen sollen mit allem bezahlen, was sie haben.

44. Welche Gefühle kommen in Ihnen hoch?

Wut, Hass, Entsetzen, Ohnmacht, Trauer, Schmerz, Hoffnungslosigkeit.

45. Was hat das Wort LEBENSLÄNGLICH für eine Bedeutung für Sie?

Dass für das ganze Leben eine Strafe da ist. Lebenslang eben.

46. Noch einmal zu Ihnen zurück. Nach diesem Interview – wie geht es Ihnen jetzt?

Mir tut mein Rücken weh, ich bin traurig und wütend, bin müde.

47. Ich kann mir vorstellen, dass Sie emotional sehr stark angespannt sind. Gibt es jemanden, mit dem Sie dies nun aufarbeiten können. Eine Therapeutin, eine Freundin oder sogar eine Ärztin? Ich möchte auf keinen Fall, dass Sie nun alleine bleiben.

Ja ich bin emotional angespannt. Ich werde gleich telefonieren.

48. Was wünschen Sie sich für Ihre Zukunft?

Gerechtigkeit, dass man mir endlich glaubt – rechtlich. Dass ich irgendwann Menschen helfen kann, die Missbrauch jeglicher Art erleben mussten, dass ich mein eigenes Leben finde, eine Partnerschaft. Dass ich Geld habe, ohne mir Sorgen machen zu müssen, dass ich Freunde habe, unter denen ich glücklich, zufrieden und ohne Angst sein kann. Dass ich Spaß haben kann ohne schlechtes Gewissen, dass ich zufrieden und frei werde.

Interview mit Elly:

1. Fand der Missbrauch durch Fremde oder durch Familienmitglieder statt?

Durch meinen eigenen Erzeuger, sorry, aber das Wort Vater hat dieser Mensch wirklich nicht verdient.

2. Sind Sie in der Lage, über Ihren Missbrauch zu sprechen?

Ja, mittlerweile! Und ich spreche es auch offen aus! Ich denke, ich habe lange genug geschwiegen!

3 . Welche Art von Missbrauch ist Ihnen widerfahren?

Sexueller und psychischer Missbrauch.

4. Wie lange liegt das schreckliche Ereignis zurück?

Der letzte Missbrauch durch ihn liegt nun 15 Jahre zurück! Der Missbrauch fing mit zehn an und endete, als ich 21 Jahre alt war!

5. Hatten Sie jemanden, mit dem Sie darüber sprechen konnten?

Bis vor drei Jahren nicht! Ich habe als Kind versucht, darüber zu reden. Dann habe ich viele Jahre geschwiegen, wollte doch eh keiner hören. Vor drei Jahren ist es dann aus mir herausgebrochen! Mein Freund war ziemlich vor den Kopf geschlagen, hat aber die ganze Nacht zugehört und ist am Morgen mit mir zur Polizei, um Anzeige zu erstatten! Er hat die ganze Zeit zu mir gestanden!

6. Wenn ja, mit wem? Hat man ihnen geglaubt?

Wie gesagt, mein Lebensgefährte! Ja, er hat mir geglaubt und mir beigestanden! Leider hat es unsere Beziehung so belastet, dass wir heute kein Paar mehr sind, allerdings sind wir Freunde! Und ich meine damit: richtige Freunde!

7. Wie konnten Sie das schreckliche Ereignis verarbeiten? Konnten Sie es überhaupt?

Ich bin gerade dabei, es zu verarbeiten. Das heißt aufzuarbeiten, weil ich persönlich nicht glaube, dass man so was verarbeiten kann. Es hat so viel von meinem Leben eingenommen, dass man es nicht wegdenken kann. Man kann nur lernen, damit umzugehen! Eine Therapie hat mir leider nicht helfen können, weil ich dort nicht in der Lage war zu reden!

8. Können Sie sich daran erinnern, wann Sie das erste Mal darüber gesprochen haben? In der Therapie, beim Arzt, mit einer Freundin?

Das erste Mal mit 13 Jahren, mit einer Freundin meiner Großmutter. Leider glaubte sie mir nicht!

9. Alle Opfer von Missbrauch leiden unter verschiedenen Symptomen. Können Sie mir sagen, wie Ihre Symptome aussehen?

Ich bin nicht sehr belastbar! Ich habe oft Depressionen oder Angstzustände! Am schlimmsten für mich ist meine Bindungsunfähigkeit und die ewigen Selbstzweifel – Selbstvertrauen war lange Zeit ein Fremdwort für mich! Halte mich immer wieder für wertlos und nicht liebenswert! Des Weiteren habe ich Schlafstörungen, leide unter der Borderline-Spaltung, habe Angst- und Panikzustände. Bin immer unruhig, habe einen inneren Drang, alles perfekt machen zu müssen, ich leide unter Essstörungen und auch an Magen-Darm-Beschwerden und Übelkeit. Sexualität war lange für mich ein notwendiges Übel, um geliebt zu werden! Heute allerdings kann ich Sexualität zulassen und sie sogar genießen!

10. Hatten Sie schon mal Selbstmordgedanken?

Ja, am schlimmsten war es nach der Anzeigeerstattung!

11. Was tun Sie, damit es Ihnen besser geht?

Reden! Ich habe für mich festgestellt, dass, je mehr ich darüber rede, desto besser geht es mir!

12. Befinden Sie sich derzeit in einer Therapie?

Nein, für mich war das nicht der richtige Weg, halte es aber für sehr wichtig!

13. Wie viele Therapien haben Sie schon gemacht?

Eine.

14. Meine Therapieformen waren alle ambulant, wie ist das bei Ihnen?

Diese eine Therapie war ambulant.

15. Wurde die Therapie medikamentös begleitet? Wenn ja, wie ging es Ihnen damit?

Ich habe die Medikamente abgelehnt!

16. Ich habe mich vor längerer Zeit zu einem schwierigen Schritt durchgerungen. Ich habe gegen die noch lebenden Täter Strafanzeige gestellt. Haben auch Sie Strafanzeige gestellt? Wenn ja, wie waren Ihre Erfahrungen damit?

Ja, ich habe ihn angezeigt! Ich hatte das Glück, nur auf nette und verständnisvolle Menschen zu treffen! Allerdings hat es nach der Anzeige zwei Jahre gedauert, bis es zur Verhandlung kam. Eine extrem belastende Zeit! Das Urteil war ein schlechter Scherz: Da ich zu diesen Zeitpunkt schon 32 Jahre alt war, konnte er nur noch für die Vergewaltigungen nach meinem 18. Lebensjahr bestraft werden. Und da er gestanden hatte, bekam er ein Jahr auf Bewährung!

17. Nächster schwerer Schritt war der Antrag auf Opferentschädigung beim Amt für soziale Angelegenheiten. Haben auch Sie einen solchen Antrag gestellt?

Nein, ich wusste nicht, dass ich so etwas machen kann!

18. Fühlen Sie sich verstanden und unterstützt?

Von Behörden oder so eher nicht! Allerdings fühle ich mich mittlerweile von meinen Freunden sehr gut verstanden!

19. Was würden Sie sich von einer solchen Einrichtung oder vom Staat wünschen?

Ich würde mir wünschen, dass Behörden nicht so oft untätig bleiben, wenn sie Hinweise bekommen! Ich habe keine Erwartungen mehr an diesen Staat, ich denke, wir müssen uns selber helfen!

20. Was wissen Sie über Verjährungsfristen?

Habe davon bei der Anzeigeerstattung erfahren und war geschockt! Da wird den Opfern vorgeschrieben, wann sie reden müssen – und wenn sie es bis zu ihrem 28. Lebensjahr nicht geschafft haben, sagt man: Pech, zu spät. Das ist krank!

21. Denken Sie, dass die Zeit ausreichend ist für die Opfer, um Strafanzeige zu erstatten?

Nein, ich zum Beispiel habe zu lange gebraucht, so konnte er nur noch für die Vergewaltigung nach meinem 18. Lebensjahr bestraft werden! Das eine Opfer kann früher reden, das andere später, einige leider nie … Aber dass man die mit der Verjährung noch mal straft, halte ich für krank. Da werden die Täter mit belohnt, dass sie es geschafft haben, uns so lange zum Schweigen zu bringen!

22. Wer erhält Ihrer Erfahrung nach mehr Unterstützung und Schutz, das Opfer oder der Täter?

Sicherlich der Täter. Aber das wundert mich nicht wirklich, weil wir in Deutschland schon immer in einer Tätergesellschaft gelebt haben!

23. Leben Sie in einer Beziehung?

Nein, zurzeit nicht! Allerdings habe ich bis vor Kurzem in einer Beziehung gelebt!

24. Wie gestaltete sich diese Beziehung?

Oft schwierig! Ich bin kein einfacher Mensch! Ich vertraue nur schwer und wenn, dann bin ich sehr explosiv, wenn ich das Gefühl habe, dass man mein Vertrauen missbraucht!

25. Wusste Ihr Partner von Ihrer Vergangenheit?

Ja. Nach zwei Jahren Beziehung hat er davon erfahren!

26. Wie ging er damit um?

Sehr sensibel, wir mussten und müssen noch heute viel miteinander sprechen. Ohne ihn hätte ich nie den Mut gehabt, so offen zu reden, wie ich das heute tue! Er ist auch heute noch meine Stütze, wenn mich die Gefühle überrollen!

27. Wie steht es mit dem Vertrauen in Ihrer Beziehung? Was bedeutet das Wort Liebe für Sie, was Angst?

Vertrauen – ein schwieriges Thema! Ich kann nicht wirklich vertrauen, glaube ich! Ich neige dazu, immer Verrat zu wittern! Liebe – ein wunderbares Gefühl, glaube ich! Ich weiß, dass ich abgrundtief lieben kann, aber ich kann diese Liebe von einem anderen Menschen nur schwer annehmen! Weil sich dann immer dieser Gedanke einmischt: Du bist wertlos, warum sollte er/sie dich lieben? Wird wohl noch ein langer Weg! Angst? Ich weiß, dass ich ständig Angst habe. Angst, verletzt zu werden. Angst, zu wenig zu geben. Angst, keine gute Mutter zu sein!

28. Weiß Ihre Familie um Ihre Erfahrungen? Wenn ja, wie geht sie damit um?

Ja. Meine Mutter hat den Kontakt abgebrochen! Meine Schwester, die ich jahrelang vor meinem Erzeuger versucht habe zu beschützen, will auch nix mehr von mir wissen. Zwei meiner Kinder wissen es noch nicht, allerdings weiß mein ältester Sohn davon. War nicht geplant, hat es zufällig mitbekommen, er redet viel mit mir darüber, denke mal, so richtig verstehen kann er es nicht! Habe ihn in eine Therapie gegeben, damit er es dort mit Profis aufarbeiten kann!

29. Was wünschen Sie sich von ihrer Familie?

Meine Familie besteht für mich nur noch aus meinen Kindern – und von ihnen erhoffe ich mir später einmal, dass sie es verstehen und zu mir stehen!

30. Eine Frage, die man mir persönlich häufig stellt, die ich allerdings nicht bejahen kann, ist: Hast du das Erlebte verarbeitet, bist du geheilt, hört das jemals auf? Kennen auch Sie solche Fragen? Wie sind ihre Ansichten dazu?

Solche Fragen kenne ich nur zu gut. Geheilt? Ich glaube nicht, dass man die Seele heilen kann! Körperlich wird es sicher besser werden! Aufhören? Nein, ich denke, es hört nie auf, es wird nur erträglicher!

31. Abschließend möchte ich noch ein paar Fragen in Richtung Täter stellen. Glauben Sie, Sie schaffen es, mir diese zu beantworten?

Ja.

32. Was denken Sie über Ihren Täter?

Wollen Sie wirklich eine Antwort auf diese Frage? Er ist das Letzte für mich! Er hat mir meine Kindheit genommen! Er hat mich fast zerstört und auf das Leben meiner Kinder durch seine Taten Einfluss genommen! Aber ich kann ihn nicht hassen, wenn Sie das meinen! Um zu hassen, muss man lieben! Ich empfinde nichts mehr für ihn, gar nichts! Eine Freundin fragte mich vor ein paar Wochen, ob ich glücklicher wäre, wenn er tot wäre! Meine Antwort: Es ist mir egal, ob er lebt oder nicht! Für mich ist er ein Nichts geworden und spielt keine Rolle mehr in meinem Leben! Er hat es lange genug beherrscht und ich werde es nicht zulassen, dass er es weiterhin tut! Deshalb spielt es keine Rolle für mich!

33. Wenn die Täter bestraft wurden, glauben Sie, die Strafe war ausreichend?

Nein! Aber keine Strafe der Welt kann mir meine Kindheit wiedergeben!

34. Denken Sie, in einem solchen Fall kann es Gerechtigkeit geben?

Nein, geht auch nicht! Denke aber auch, dass nicht die Gerechtigkeit uns dazu bewegt hat, Anzeige zu erstatten. Anzeige habe ich für mich erstattet, damit ich mich von ihm befreien kann. Denn solange ich geschwiegen habe, hatte er Macht über mich! Jetzt hat er keine mehr!

35. Wenn Sie Ihrem Täter alles sagen könnten, was würden Sie sagen?

Habe nicht mehr das Bedürfnis, ihm etwas zu sagen. Verstehen würde er sowieso nix! Kurz nach der Anzeigeerstattung wollte ich ihm was sagen, habe einen Brief geschrieben, den hat er nie bekommen und heute bin ich froh darüber! Er ist es nicht wert, diesen Brief zu lesen!

36. Welche Gedanken und Vorstellungen gehen in Ihrem Kopf herum, wenn Sie an diesen Menschen denken?

Unverständnis.

37. Welche Gefühle kommen in Ihnen hoch?

Manchmal Verzweiflung, deshalb versuche ich, nicht an ihn zu denken.

38. Was hat das Wort LEBENSLÄNGLICH für eine Bedeutung für Sie?

Ja, ich habe lebenslänglich bekommen!

39. Noch einmal zu Ihnen zurück. Nach diesem Interview – wie geht es Ihnen jetzt?

Gut, da ich zurzeit viel darüber rede! Ich habe eine Internetseite gegen Kindesmissbrauch ins Leben gerufen und dort melden sich jeden Tag betroffene Frauen bei mir! Deshalb kann ich gut darüber reden!

40. Ich kann mir vorstellen, dass Sie emotional sehr stark angespannt sind. Gibt es jemanden, mit dem Sie dies nun aufarbeiten können? Eine Therapeutin, eine Freundin oder sogar eine Ärztin? Ich möchte auf keinen Fall, dass Sie nun alleine bleiben.

Wie gesagt, ich empfinde es nicht als Belastung, sondern als Hilfe, dass ich darüber reden darf! Aber sollte es mir doch zu nahe gehen, habe ich jemanden, der mir beisteht – und das Tag und Nacht!

41. Was wünschen Sie sich für Ihre Zukunft?

Dass ich lerne, Liebe anzunehmen, vor allem von meinen Kindern! Und dass die Leute die Augen nicht mehr verschließen! Hinhören und hinsehen!

42. Ich danke Ihnen recht herzlich, dass Sie sich die Zeit genommen haben und dass Sie den Mut aufgebracht haben, sich diesen Fragen und somit dem traumatischen Erlebnis erneut zu stellen.

Ich danke Ihnen für die Möglichkeit, darüber sprechen zu können.

Interview mit Cassandra:

1. Sind Sie in der Lage, über Ihren Missbrauch zu sprechen?

Kommt darauf an, mit wem. Ich kann es inzwischen aussprechen, dass ich missbraucht wurde. Einzelheiten kann ich nur sehr vertrauten Personen gegenüber schildern und das auch nur in Andeutungen.

2. Welche Art von Missbrauch ist Ihnen widerfahren?

Sexueller und psychischer Missbrauch.

3. *Fand der Missbrauch durch Fremde oder durch Familienmitglieder statt?*

Beides.

4. Wie lange liegt das schreckliche Ereignis zurück?

Der Missbrauch durch meinen Vater begann, als ich noch sehr klein war. Es ist schwer, dieses schreckliche Ereignis in eine Zeile zu pressen. Es ging über Jahre. Und missbraucht wurde ich auch von anderen – bis ins Erwachsenenalter.

5. Hatten Sie jemanden, mit dem Sie darüber sprechen konnten?

Nein, wie auch? Ich hatte als kleines Kind keine Worte dafür und wusste genau, dass ich lieber die Klappe halte. Später war es mir zu peinlich, beispielsweise von einer Vergewaltigung zu berichten.

6. Wenn ja, hat man Ihnen geglaubt? Wenn nein, wie sind Sie damit umgegangen?

Ich habe es verdrängt. Selbst Dinge, die mir im Erwachsenenalter passiert sind, habe ich gut verdrängen können.

7. Wie konnten Sie das schreckliche Ereignis verarbeiten? Konnten Sie es überhaupt?

Ich bin gerade dabei, es zu verarbeiten. In jahrelanger Therapie.

8. Können Sie sich daran erinnern, wann Sie das erste Mal darüber gesprochen haben? In der Therapie, beim Arzt, mit einer Freundin?

Das erste Mal in einer Therapie.

9. Alle Opfer von Missbrauch leiden unter verschiedenen Symptomen. Können Sie mir sagen, wie Ihre Symptome aussehen? Hatten Sie schon mal Selbstmordgedanken?

Panikattacken, Depressionen, Schmerzen am ganzen Körper, Schlafstörungen, Angstzustände … Habe oft Schwierigkeiten, richtig in der Realität zu sein, dissoziiere manchmal, bin oft nicht im Geringsten belastbar. Selbstmordgedanken hatte ich oft.

10. Was tun Sie, damit es Ihnen besser geht?

Ich versuche, mich damit aus einanderzusetzen. Wenn es mir schlecht geht, unternehme ich meistens nichts zur Besserung, ich resigniere ziemlich bald.

11. Befinden Sie sich derzeit in einer Therapie?

Ja, seit einigen Jahren.

12. Wie viele Therapien haben Sie schon gemacht?

Vier.

13. Meine Therapieformen waren alle ambulant, wie ist das bei Ihnen?

Eine Therapie war stationär, die anderen ambulant.

14. Wenn stationär, welche Erfahrungen haben Sie gemacht?

Das war vor cirka 20 Jahren, da wusste ich noch nichts von dem Missbrauch. Ich habe sehr schlechte Erfahrungen gemacht, wurde nicht so richtig ernst genommen, wie auch die anderen Patienten dort.

15. Wurde die Therapie medikamentös begleitet? Wenn ja, wie ging es Ihnen damit?

In der Klinik nicht. Später hatte ich Medikamente. Mir ging es nicht gut, nichts hat mir so richtig geholfen.

16. Litten Sie unter Nebenwirkungen der Medikamente? Wenn ja, welche waren es?

Ja, ich litt unter Nebenwirkungen. Welche? Alles Mögliche: Übelkeit, Müdigkeit, Schwindel. Sehstörungen …

17. Müssen Sie die Medikamente immer noch nehmen?

Nein, derzeit nehme ich keine, denn die haben mir nicht geholfen.

18. Ich habe mich vor längerer Zeit zu einem schwierigen Schritt durchgerungen. Ich habe gegen die noch lebenden Täter Strafanzeige gestellt. Haben auch Sie Strafanzeige gestellt? Wenn ja, wie waren Ihre Erfahrungen damit?

Nein. Ich habe ja keine Beweise.

19. Nächster schwerer Schritt war der Antrag auf Opferentschädigung beim Amt für soziale Angelegenheiten. Haben auch Sie einen solchen Antrag gestellt?

Nein.

20. Wenn ja, wie sind Ihre Erfahrungen mit dem OEG?

Habe keine.

21. Fühlen sie sich verstanden und unterstützt?

Nein.

22. Was würden Sie sich von einer solchen Einrichtung oder vom Staat wünschen?

Die Anerkennung darüber, dass ich nicht arbeiten kann, aber aus diesen Gründen nicht minderwertiger deswegen bin.

23. Was wissen Sie über Verjährungsfristen?

Nicht viel. Habe mich mal erkundigt, aber es betrifft mich nicht, da ich keine Anzeige erstatten werde.

24. Denken Sie, dass die Zeit ausreichend ist für die Opfer, um Strafanzeige zu erstatten?

Nein, finde ich nicht, ich bin der Meinung, für so was darf es keine Verjährungsfrist geben.

25. Wer erhält Ihrer Erfahrung nach mehr Unterstützung und Schutz, das Opfer oder der Täter?

Sicherlich der Täter. Schon wenn ich daran denke, dass mir niemand die Therapiekosten erstattet und ich mit Sozialhilfe die stemmen muss …

26. Leben Sie in einer Beziehung?

Ja, ich habe eine Freundin seit einem halben Jahr.

27. Wie gestaltet sich diese Beziehung?

Wir sind beide Betroffene, daher gibt es viel Verständnis. Wir leben nicht zusammen, sehen uns aber oft.

28. Weiß Ihre Partnerin von Ihrer Vergangenheit?

Ja.

29. Wie geht sie damit um?

Sehr sensibel, wir müssen viel miteinander sprechen.

30. Wie steht es mit dem Vertrauen in Ihrer Beziehung? Was bedeutet das Wort LIEBE für Sie, was Angst?

Mit dem Vertrauen habe ich so meine Schwierigkeiten. Ich kann aber sagen, dass ich noch nie zu jemandem so viel Vertrauen hatte wie jetzt zu meiner Freundin. Liebe? Bei sich bleiben zu können ohne Angst, den anderen zu verlieren. Den anderen zu sehen, ohne das Gefühl zu haben, sich aufopfern zu müssen. Angst? Kann ich nicht beantworten, was das bedeutet. Ich weiß nur, dass ich ständig Angst habe.

31. Weiß Ihre Familie um Ihre Erfahrungen? Wenn ja, wie geht sie damit um?

Ja, ich habe es erzählt. Die Reaktion war nicht ablehnend, aber darauf eingegangen ist keiner. Es wird verdrängt, wir schweigen mehr oder weniger darüber.

32. Was wünschen Sie sich von Ihrer Familie?

Dass mir geglaubt wird, dass sie auf meiner Seite steht.

33. Eine Frage, die man mir persönlich häufig stellt, die ich allerdings nicht bejahen kann, ist: Hast du das Erlebte verarbeitet, bist du geheilt, hört das jemals auf? Kennen auch Sie solche Fragen? Wie sind Ihre Ansichten dazu.

Solche Fragen kenne ich. Geheilt werde ich wohl nie sein. Verarbeiten? Weiß nicht, wie das aussehen soll. Das sind solche Begriffe, mit denen ich nichts anfangen kann. Ich denke, erledigen kann man ein solches Trauma nie.

34. Abschließend möchte ich noch ein paar Fragen in Richtung Täter stellen. Glauben Sie, Sie schaffen es, mir diese zu beantworten?

Ja.

35. Was denken Sie über Ihre Täter?

Manchmal habe ich einfach nur Wut und will Rache. Manchmal denke ich, dass das Menschen sind, die aus irgendwelchen Gründen sehr gestört sind. Ich will mich aber nicht mehr damit auseinandersetzen, warum die das gemacht haben. Ich denke, die können sich zurücklehnen, so tun, als wäre nichts gewesen, und haben keine Ahnung, wie es mir damit geht. Ich wünsche mir, dass sie wenigstens die Schuld empfinden, die sie eigentlich tragen.

36. Wenn sie bestraft wurden, glauben Sie, die Strafe war ausreichend?

Sie wurden nicht bestraft.

37. Denken Sie, in einem solchen Fall kann es Gerechtigkeit geben?

Nein, wie soll das gehen, wie soll man das gegeneinander aufwiegen?

38. Wenn Sie Ihrem Täter alles sagen könnten, was würden Sie sagen?

Ich würde ihm klarmachen, was für ein Verbrecher er ist.

39. Welche Gedanken und Vorstellungen gehen in Ihrem Kopf herum, wenn Sie an diese Menschen denken?

Unterschiedliche. Entweder Rachegedanken oder der Wunsch, dass diese Menschen verstehen, was sie mir angetan haben.

40. Welche Gefühle kommen in Ihnen hoch?

Wut und Verzweiflung. Ich weiß nicht, wohin mit meiner Wut, ich komme da nicht an, werde nicht gehört. Angst vor der Rache der Täter, wenn ich mit dem Finger auf sie zeigen würde.

41. Was hat das Wort LEBENSLÄNGLICH für eine Bedeutung für Sie?

Ich denke daran, dass ich – lebenslänglich – mit den Folgen des Missbrauchs daran gehindert bin, ein erfülltes Leben zu führen. Keine Chance für mich.

42. Noch einmal zu Ihnen zurück. Nach diesem Interview – wie geht es Ihnen jetzt?

Nicht besser oder schlechter als vorher, denn ich bin ständig mit diesen Themen beschäftigt. Es wühlt mich nicht mehr auf, als es sonst schon tut.

43. Ich kann mir vorstellen, dass Sie emotional sehr stark angespannt sind. Gibt es jemanden, mit dem Sie dies nun aufarbeiten können. Eine Therapeutin, eine Freundin oder sogar eine Ärztin? Ich möchte auf keinen Fall, dass Sie nun alleine bleiben.

Ich habe Menschen, mit denen ich darüber reden kann.

44. Was wünschen Sie sich für Ihre Zukunft?

Dass ich alltägliche Dinge erledigen kann, ohne in Panik zu verfallen. Dass ich Beziehungen zu Mitmenschen aufnehmen kann, dass ich arbeiten gehen kann, dass ich nicht in jedem Augenblick daran erinnert werde, wie behindert ich eigentlich bin.

Interview mit Anita:

1. Sind Sie in der Lage, über Ihren Missbrauch zu sprechen?

Sprechen ist schwierig, denn alles, was man ausspricht, wird real. Schreiben geht ab und an, aber auch nicht sehr gut. Ich kann sagen, dass etwas war, aber nicht über Details sprechen.

2. Welche Art von Missbrauch ist Ihnen widerfahren?

Sexueller und psychischer Missbrauch.

3. Fand der Missbrauch durch Fremde oder durch Familienmitglieder statt?

Nicht innerhalb der Familie, aber auch nicht durch Fremde.

4. Wie lange liegt das schreckliche Ereignis zurück?

15 Jahre, 5 bis 9 Jahre.

5. Hatten Sie jemanden, mit dem Sie darüber sprechen konnten?

Jein. Ich habe öfter versucht, mich mitzuteilen, aber meist stieß ich auf Unglaube, Unverständnis oder Überforderung

6. Wenn ja, wer? Hat man Ihnen geglaubt?

Eine ältere Freundin aus dem Sportverein glaubte mir und versuchte mir zu helfen.

7. Wenn nein, wie sind Sie damit umgegangen?

Einige Gleichaltrige glaubten mir nicht, weil sie nicht verstanden, warum ich so lange geschwiegen hatte und weil sie vermutlich überfordert waren.

8. Wie konnten Sie das schreckliche Ereignis verarbeiten? Konnten Sie es überhaupt?

Ich weiß nicht genau, ab wann man so was verarbeitet hat ... Ein Lehrer sagte früher immer, die Zeit heilt alle Wunden – dem kann ich nicht zustimmen ...

9. Können Sie sich daran erinnern, wann Sie das erste Mal darüber gesprochen haben, in einer Therapie, beim Arzt, mit einer Freundin?

Ich weiß, dass ich meiner Freundin aus dem Sportverein einen Brief geschrieben habe, wirklich gesprochen habe ich bis heute nicht darüber.

10. Alle Opfer von Missbrauch leiden unter verschiedenen Symptomen. Können Sie mir sagen, wie Ihre Symptome aussehen? Hatten Sie schon einmal Selbstmordgedanken?

Depressionen, Albträume, Angst und Panik, selbstverletzendes Verhalten, kein Vertrauen anderen und mir selbst gegenüber ... An Selbstmord habe ich nicht nur einmal gedacht und auch heute kommt es ab und an vor.

11. Was tun Sie, damit es Ihnen besser geht?

Ich versuche, mich abzulenken und/oder stürze mich in Arbeit.

12. Befinden Sie sich derzeit in einer Therapie?

Nein.

13. Ich meinerseits habe schon einige Therapien hinter mir. Im Moment läuft meine letzte Therapie aus. Wie viele Therapien haben Sie schon gemacht?

Ich habe einige Anläufe unternommen, aber bisher noch keinen Therapeuten gefunden, zu dem ich Vertrauen fassen konnte, so dass das immer ziemlich schnell wieder vorbei war.

14. Meine Therapieformen waren alle ambulant. Wie ist das bei Ihnen?

–

15. Wenn stationär, welche Erfahrungen haben Sie gemacht?

–

16. Wurde die Therapie medikamentös begleitet? Wenn ja, wie ging es Ihnen damit?

Nein.

17. Litten Sie unter Nebenwirkungen der Medikamente? Wenn ja welche waren es?

–

18. Müssen Sie die Medikamente immer noch einnehmen?

–

19. Ich habe mich vor längerer Zeit zu einem schwierigen Schritt durchgerungen. Ich habe gegen die noch lebenden Täter Strafanzeige gestellt. Haben auch Sie Strafanzeige gestellt? Wenn ja, wie waren Ihre Erfahrungen damit?

Nein, ich habe keine Anzeige gemacht ... Nachdem ich einmal schlechte Erfahrungen mit der Polizei gemacht hatte, habe ich mich nicht mehr getraut. Es würde auch nichts ändern und ich habe keine Beweise. Einer der Täter saß schon mehrfach im Gefängnis …

20. Nächster schwerer Schritt war der Antrag auf Opferentschädigung beim Amt für soziale Angelegenheiten. Haben auch Sie einen solchen Antrag gestellt?

Nein.

21. Wenn ja, wie sind Ihre Erfahrungen mit dem OEG?

–

22. Fühlen Sie sich verstanden und unterstützt?

–

23. Was würden Sie sich von einer solchen Einrichtung oder vom Staat wünschen?

Ich würde mir wünschen, dass es nicht die Opfer sind, die Beweise erbringen müssen. Leider gibt es schwarze Schafe, die versuchen, diese Einrichtung auszunutzen, so dass Opfer, die wirklich Anspruch darauf erheben könnten, sich oft nicht trauen, diesen ganzen Begutachtungsmarathon auf sich zu nehmen!

24. Was wissen Sie über die Verjährungsfristen?

Ab 18 hat Vergewaltigung zehn Jahre, wenn ich mich richtig erinnere ...

25. Denken Sie, dass die Zeit ausreichend für die Opfer ist, um Strafanzeige zu erstatten?

Ich finde, das ist ziemlich kompliziert, denn je länger man wartet, desto schwieriger wird es, etwas konkret nachzuweisen. Trotzdem brauchen viele sehr lange, bis sie endlich darüber reden bzw. dann auch Anzeige erstatten können.

Grundsätzlich denke ich, dass es dafür keine Verjährungsfrist geben dürfte, denn für die Opfer verjährt das nie!

26. Wer erhält Ihrer Erfahrung nach mehr Unterstützung und Schutz, das Opfer oder der Täter?

Die Täter, definitiv!

27. Ein paar Fragen zu Ihrem näheren Umfeld. Leben Sie in einer Beziehung?

Ja.

28. Wie gestaltet sich diese Beziehung?

Seit über vier Jahren bin ich mit meinem gleichaltrigen Freund zusammen; wir leben auch zusammen und es ist die erste Beziehung, die in keiner Weise manipulativ oder bedrohlich ist.

29. Weiß Ihr Partner von Ihrer Vergangenheit?

Teilweise.

30. Wie geht er damit um?

Er ist überfordert. Oft fragt er mich, ob ich schon darüber hinweg wäre ... Was soll ich sagen?

31. Wie steht es mit dem Vertrauen in Ihrer Beziehung? Was bedeutet das Wort Liebe für Sie? Was das Wort Angst?

Vertrauen ist für mich sehr schwer, weil ich mir selbst, meinen Erinnerungen und Gefühlen nicht traue. Dennoch vertraue ich meinem Freund, soweit ich es kann. Liebe ist für mich schwer zu definieren; ich denke, es kommt darauf an, den anderen so anzunehmen, wie er ist, mit all seinen Macken und Fehlern. Angst ist eine unglaublich umfassende Empfindung, die sich wie Gift in alle deine Zellen schleichen und dich handlungsunfähig machen kann. Außerdem verhindert sie, dass man gute und neue Erfahrungen und Veränderungen machen bzw. zulassen kann.

32. Weiß Ihre Familie um Ihre Erfahrungen? Wenn ja, wie geht sie damit um?

Nein.

33. Was wünschen Sie sich von Ihrer Familie?

Das Gefühl, nicht immer schuld zu sein.

34. Eine Frage, die man mir persönlich häufig stellt, die ich allerdings nicht bejahen kann, ist: Hast du das Erlebte verarbeitet? Bist du geheilt? Hört das jemals auf? Kennen auch Sie solche Fragen? Wie sind Ihre Ansichten dazu?

Natürlich kenne ich diese Fragen, auch wenn sie für mich im Moment nicht sehr aktuell sind, da ich mich noch nicht sehr intensiv mit allem auseinandergesetzt habe und im Moment eher am Wegschieben bin. Dennoch glaube ich, dass Heilung möglich ist. Vergessen sicher nicht, aber ein Leben, in dem man damit umgehen und seinen Alltag meistern kann!

35. Abschließend möchte ich noch ein paar Fragen in Richtung Täter stellen. Glauben Sie, Sie schaffen es, mir diese zu beantworten?

Ja.

36. Was denken Sie über Ihre Täter?

Ich habe Mitleid.

37. Wenn Sie bestraft wurden, glauben Sie, die Strafe war ausreichend?

Sie wurden nicht bestraft.

38. Denken Sie, in einem solchen Fall kann es Gerechtigkeit geben?

Was ist schon gerecht in diesem Fall ...? Ist es gerecht, noch ein Menschenleben zu zerstören? Absolute Gerechtigkeit wird es nie geben können, das gilt nicht nur für Missbrauch. Gerechtigkeit hängt sehr an den Normen der Gesellschaft ...

39. Wenn Sie Ihrem Täter alles sagen könnten, ohne dass er Sie bedrohen oder angreifen kann, was würden Sie ihm sagen?

Schwer zu sagen, ich glaube, ich würde nach dem Warum fragen.

40. Welche Gedanken und Vorstellungen gehen in Ihrem Kopf herum, wenn Sie an diese Menschen denken?

Ich hoffe, dass ich sie nie wieder sehen muss. Rachegedanken oder Ähnliches habe ich allerdings nicht.

41. Welche Gefühle kommen in Ihnen hoch?

Angst, Zweifel.

42. Was hat das Wort LEBENSLÄNGLICH für eine Bedeutung für Sie?

Lebenslänglich klingt für mich unendlich, ein Zeitraum, den ich im Moment nicht abschätzen kann.

43. Noch einmal zu Ihnen zurück. Nach diesem Interview – wie geht es Ihnen jetzt?

Ich fühle mich ein bisschen aufgewühlt.

44. Ich kann mir vorstellen, dass Sie emotional sehr stark angespannt sind. Gibt es jemanden, mit dem Sie dies nun aufarbeiten können. Eine Therapeutin, eine Freundin oder sogar eine Ärztin? Ich möchte auf keinen Fall, dass Sie nun alleine bleiben.

Ich werde einen Weg für mich finden.

45. Was wünschen Sie sich für Ihre Zukunft?

Ich möchte gerne mein Studium abschließen und in meinem Beruf arbeiten können, mit meinem Freund glücklich sein und irgendwann so weit sein, den Missbrauch aufzuarbeiten und hinter mir zu lassen.

Ich danke Ihnen recht herzlich, dass Sie sich die Zeit genommen und den Mut aufgebracht haben, sich diesen Fragen und somit dem traumatischen Ereignis erneut zu stellen.

Gedanken, Bilder und Gedichte von Überlebenden

In den folgenden Zeilen und Bildern versuchen die Überlebenden des Missbrauchs, ihre Emotionen und Gedanken zu Papier zu bringen.
Es ist eine der Möglichkeiten, wie sie das Geschehene versuchen zu verarbeiten.

Warum

Ein Flug in die große Stadt,
ich fühle mich von Anfang an sehr matt.
Die Verantwortung für Oma und Kind
macht, dass die Gefühle im Hintergrund sind.
Doch der Tag der Hochzeit ist da,
der Tag, an dem ich IHN
wiedersah.
In mir toben tausend Kriege,
mein Bruder und seine Frau strahlen vor
Liebe.
Wir wünschen ihnen ein langes Leben
und geben alle unseren Segen.
Ich muss um meine Fassung ringen,
schaffe es, mich wieder ans Funktionieren zu
bringen.
Doch ein Blick und alles ist vorbei,

als ob ein anderer Mensch ich sei.
Eine Hand, für alle anderen unerkannt,
durchbricht die mühsam aufgebaute Wand.
Warum kann ich meinen Schmerz nicht lindern?
Kann, was nun kommt, nicht verhindern?
Über die Lippen kommen keine Worte,
ich gehe mit an alle Orte.
Wie kann man nur so hörig sein?
Kein einziges Stück an mir ist mehr rein.
Zunge, die über den Körper leckt,
es gibt nichts mehr, was die Seele
erschreckt.
Was machst du?
Ich hatte doch 15 Jahre Ruh'.
Alle Verdrängung fällt ab – alle Schranken,
die Vergangenheit ist wieder in den
Gedanken.
Soll man nicht den Vater ehren,
auch wenn er ist das eigene Verderben?

Kann es nicht stehen bleiben, das blöde Herz?
Ich ertrag ihn nicht mehr – diesen Schmerz.
Die Schuld zerfrisst die Seele in mir,
warum befriedige ich seine Gier?
Kann nicht raus aus der Kinderrolle,
ist ja so, als ob ich es wolle.
Er sagt, er will mich zum letzten Mal lieben,

warum konnte ich mich nicht unter Kontrolle
kriegen?
Die Haltung nur noch gebückt,
der kleine Neuanfang wieder in den Boden
gedrückt.
Es gibt in dieser Nacht keinen Schlaf,
nur noch die Klinge – klein und scharf.
Innen diese zerfressende Glut,
außen jede Menge Blut.
Ich setze mich nicht mehr zur Wehr,
hab einfach keine Kraft mehr.
Werde meiner Seele nicht mehr zuhören,
kann nur das Funktionieren stören.
Werde ablehnen jeden Kontakt,
damit sie nicht mehr wirken kann – diese
Macht.
Werde weiterkämpfen die inneren Kriege,
aber nur den Kindern zuliebe.

(Anonym)

Anonym

Stumme Schreie eines unschuldigen kleinen Kindes

Mama, ich war gerade acht,
du warst nicht da in jener Nacht, du warst zur Arbeit, ich war allein,
spätabends erst kam Papi heim.

Irgendwann in dieser Nacht
hat Papi mich dann wachgemacht,
er roch nach Bier, er hat gelacht,
stand vor dem Bett, war splitternackt.
Er legte sich zu mir ins Bett:
„Du Kleine bist so süß und nett,
musst ganz lieb jetzt zu Papi sein,
hab keine Angst, du brauchst nicht weinen."

Dann musste ich sein Ding anfassen,
Papi stöhnte, Papi schwitzte,
ich habe ganz schnell losgelassen,
als etwas Weißes daraus spritzte.

„Du darfst das nie der Mama sagen,
dann wird sie böse und geht fort,
solch ein Kind will sie nicht haben,
denn sie glaubt dir doch kein Wort."
Ich habe Angst seit dieser Nacht,
die Angst, ob er es wieder macht.
Mich plagt seither ein schlimmer Traum,
fühle mich dreckig in diesem Raum.

Mama, Mama, ich war erst zehn,
zwei Jahre war nichts mehr geschehen,
ich wollte duschen, ich war nackt,
da hat er mich brutal gepackt.

Ihm reichte diesmal nicht die Hand,
ich sah herab, sein Glied, das stand,
er drang in meinen Körper ein.
Er stöhnte laut: „Mein Engelein!“

Und wieder roch er nach dem Bier,
das war kein Mensch, dass war ein Tier.
Ich schrie, ich weinte, flehte ihn an,
es war zu stark das Tier im Mann.

Die Unschuld hatte ich verloren,
der eigene Vater nahm sie mir,
ich wollt, ich wäre nie geboren.
Mama, Mama, glaube mir!

Mama, Mama, ich war erst zehn,
ab da bin ich gestorben,
konnt' dir nicht in die Augen sehen,
Vertrauen ging verloren.

Zu oft hab ich den Schmerz gespürt,
zu oft wurd' ich von ihm verführt,
doch stumme Schreie hört man nicht,
weil sonst die heile Welt zerbricht.

Mama, du hast nichts geahnt
in all den vielen Jahren,
als sich das Böse den Weg gebahnt
und wir noch *glücklich* waren.

Nun bin ich siebzehn Jahre alt,
zeig kein Gefühl, mein Herz ist kalt,
hab irgendwann nicht mehr gezählt,
denn jahrelang wurd' ich gequält.

Wem sollte ich mich anvertrauen?
Konnt' niemand' in die Augen schauen,
die Scham war größer als der Schmerz,
zurück blieb ein gebrochenes Herz.

Verzeih mir, Mama, ich geh nun fort,
kann nicht mehr leben an diesem Ort.
Eh' ich beginn, auch dich zu hassen,
muss ich diesen Ort verlassen.

Er war MEIN Vater, es war DEIN Mann,
der Grund, dass ich nicht lachen kann.
Der Mann, der mich ins Unheil zog,
ich lebe zwar – doch ich bin tot.

(Anonym)

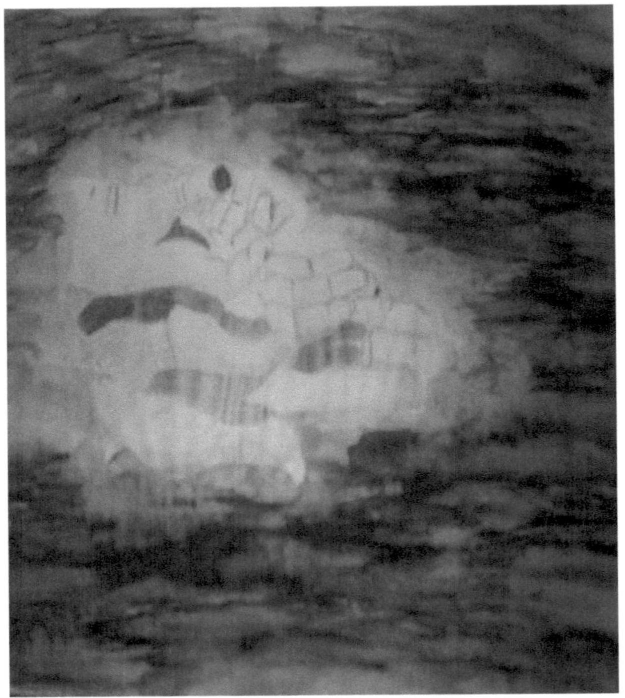

Anonym

Allein, verlassen, unschuldig

Allein, verlassen, unschuldig,
wer denkt schon daran?
Es ist vorbei, doch
ein Wort, ein Geruch, eine Farbe oder
ein Geräusch – und alles
ist wieder da.
Bilder, Fetzen, Worte,
überrollt, überflutet,
schütten mich zu.
Versuch zu vergessen,
gewonnen und doch
verloren.
Nichts Halbes und nichts Ganzes
drückt, quält, wird beweint,
oberflächlich, im Inneren
allzeit da, nur in den Hintergedanken
nur ein Moment,
Jahre sind wieder da,
löschen, bedecken, verschütten,
nichts hilft,
vorbei ist es nie,
gefangen, gefesselt
in Gedanken, Erinnerungen
zerstören, machen dich

kaputt.
Kaputt, zerbrochen, vorbei ...

(Elfenkind)

Für dich

Tröstende Hand.

Eine tröstende Hand,
sie wird dir gereicht.
Mit Verstand und Herz …

Sie macht nicht Halt
vor einer unsichtbaren Wand.
Hat keine Angst vor deinem Schmerz!

Diese Hand, sie will dich erreichen
mit viel Liebe,
alles Dunkle von dir weichen.

Legen sich über dich auch noch so dunkle Gedanken,
nimm diese Hand dankend an
und komm nicht ins Schwanken.
Zeigt sich dir diese tröstende Hand,
nimm sie an, und sag Dank.

Denn sie meint es gut,
und sie sagt zu dir: Nur Mut!

Eine Engelshand …

Danke, du bist diese Hand, lächel …
Danke, dass du mir Mut machst, lächel …
Danke, dass du da bist, lächel …

(PeZo)

Nicht-Sehen-Wollen

Verloren, vergessen,
die Augen verschlossen.
Ein *Nicht-Sehen-Wollen.*
Schließe die Augen,
träum von was andrem,
vergiss dein Leiden, die Realität.
Überlebende sind stark,
stark ... sehr stark
und doch kaputt,
gebrochen, verbogen,
zerstört
von ihm, von ihr, von jemandem,
von dir vielleicht,
wer weiß das schon?

Spontan geplant,
endlos,
Niemandsland,
hilflos, wehrlos,
irgendwie doch
Opfer.

(Catharina-Mareike)

Ungewolltes Kind

Triggert

Die Angst steigt in mir hoch:
Ich bin schwanger, was mache ich bloß?
Oh nein, ich wollte das nicht.
Er lügt, doch keiner glaubt mir.

Bin in der zwölften Woche, fühle mich innerlich zerrissen.
Das Kind ist unschuldig, kann nichts dazu.
Soll niemals wissen, von wem es ist.
Ist unser Geheimnis für immer!
Wie soll es weitergehen, bin doch erst dreizehn.
Wie soll ich das machen, bin selbst noch ein Kind.
Kann nicht zum Arzt, er wird uns verraten.
Bin so alleine, ich will dich nicht haben!

Das Kind abtreiben darf ich nicht, kann ich nicht.
Will nicht mehr leben, uns beide freigeben.
Ich spüre dich, du wirst größer.
Was soll ich nur tun?

Mir ist übel und schlecht, du verrätst uns, hör auf damit.
Was hast du mir bloß angetan, du weißt es nicht.
Sonst waren wir tot.
Du bist so brutal, lass uns in Ruh'.

Ich bin schwanger, was mache ich bloß?
Möchte, dass meine Welt sich nicht weiterdreht.
Es tut so weh, du willst nun raus.
Habe Angst, was soll ich nur tun?

Muss uns verstecken, schnell fort von hier.
Wo sollen wir nur hin, sind doch allein.
Habe ein Versteck, da müssen wir hin.
Sei so lieb und bleib noch drin!

(1998)

Mein Engelskind

Nun bist du da, der Weg war lang und hart.
Du schaust mich mit deinen dunkelblauen Augen fragend an.
Ja, ich bin deine Mama, auch wenn nur für kurze Zeit.
Komm her und wärm dich an meiner Brust.

Kuschle dich an, du kennst mich doch, mein Herzschlag
ist dir bekannt. Hier bist du sicher in Mamas Armen.
Du bist so klein, zerbrechlich, so schutzlos allem ausgesetzt,
ich beschütze dich, so gut, wie ich kann!

Du schreist, die Welt ist kalt und hell.
Du sollst niemals vergessen, du wirst geliebt.
Auch wenn ich bald von dir geh, bist du immer mein.
Du wist von andern mit offenen Armen empfangen.

Es wird Zeit, mein kleiner Wurm.
Die zwei Tage gingen viel zu schnell um.
Wir müssen nun los, es gibt kein Zurück.
Bitte verzeih mir, ich bin selbst noch zu klein.

Nun bist du fort, mein Herz, das schmerzt,
sehnt sich nach dir.
Du, mein Kind, bist jetzt in Sicherheit.
Nur ich muss alleine zurück.

(Mone)

Alles, was ich habe

Ich schreie ... Schreie, so laut ich kann,
doch bleibe ich stumm
und keiner hört mich.
Ich weine ... Weine um alles,
doch meine Wangen bleiben trocken
und keiner sieht meine Tränen.
Ich hasse … Ich hasse es so sehr,
Nacht für Nacht,
Schnitt für Schnitt.
Das Blut läuft meinen Arm hinunter,
ich merke es nicht ...
Es ist so schön.
Und ich weine ... Weine rote Tränen,
kann sie nicht verstecken.
Alle sehen sie,
doch keiner will mir helfen.
Und so bleiben die roten Tränen
alles, was ich habe ...
Ich fühle mich frei.
Frei wie ein Vogel in der Luft.
Frei wie noch nie zuvor in meinen Leben.
Ich mache die Augen auf und die Sonne
scheint mir direkt ins Gesicht,
kitzelt auf meiner Haut.

Plötzlich schlage ich auf dem harten Asphalt auf.

Fünf Sekunden Freiheit, d

dann war alles vorbei. Alles ...

Anonym

Sternenhimmel

Ich schaue in den Sternenhimmel.
Er ist so wunderschön und doch so hässlich.
So geheimnisvoll und doch verrät er einem so viel.
Er ruft Erinnerungen in einem hervor
aus guten und aus schlechten Zeiten.
Zuerst kannst du ihn anlachen,
doch dann zeigst du ihm deine Tränen.
Er scheint so nah und ist doch so fern.
Doch immer wieder betrachte ich ihn gern!
WO WART IHR?

Wenn ich zu euch gekommen bin und reden wollte,
habt ihr gesagt: „Sei still!“
Und weiter ferngesehen.
Wenn ich Probleme hatte und zu euch wollte,
habt ihr gesagt: „Nicht jetzt!“
Und weiter Geld gezählt.
Und jetzt, wo ich weg bin,
wundert ihr euch warum?

Ein Wort an die Täter

Ich kann mir nicht vorstellen, dass einer von euch weiß, was er uns angetan hat. Der Schmerz, den ihr unseren Seelen zugefügt habt, ist unermesslich. Das Schlimmste an allem ist der Vertrauensbruch, den ihr uns angetan habt. Wir alle wissen, dass es in den wenigsten Fällen die Fremden sind, die so etwas tun. Nein! Ihr seid es, die es tun. Ihr! Unsere Väter, Großväter, Onkel, Neffen, Freunde der Familie, Bekannte und Verwandte. Ihr seid es, die uns diese Qual zugefügt haben.

Dann gibt es noch euch. Ihr, die ihr euch Mütter nennt. Schrecklich ist schon der Missbrauch durch die vertrauten männlichen Personen der Familie, doch ihr seid ähnlich gestrickt. Ihr seid die, die ihren Kindern das Gleiche antun. Ihr seid die, die ihre Kinder dazu hergeben.

Das Kotzen kommt mir, wenn ich bedenke, was ihr uns antut. Wisst ihr, dass ihr unser Leben zerstört habt? Dass ihr uns der Liebe beraubt habt? Das Vertrauen habt ihr uns genommen. Wenn ihr, die Menschen, die ihr unsere Familie seid, uns das antut und von Liebe sprecht, wie sollen wir euch jemals lieben können? Was habt ihr euch dabei gedacht?

Seid ihr so schwach, dass ihr euch an einem Kind ergötzen müsst? Seid ihr unfähig, Mann oder Frau, der/die euch ebenbürtig ist, zu lieben? Müsst ihr eure Macht und eure sexuelle Gier an einem schwachen hilflosen Kind ausleben?

Die Gedanken der Rache, die wir hegen, sind fast unaussprechlich. Froh und dankbar könnt ihr sein, dass das Recht nicht in unseren Händen liegt. Die Qualen, dir ihr erleiden müsstet, wären ebenso endlos wie die unseren. Schmerz würde eine neue Bedeutung bekommen und auch ihr würdet die Definition von LEBENSLÄNGLICH neu überdenken müssen.

Eines versprechen wir euch: Die Zeiten ändern sich und die Zeiten des Schweigens sind vorbei. Wir stehen auf! Wir brechen das Schweigen! Wir werden Gerechtigkeit finden.
Die Zeit eurer Macht ist vorbei – wir sind am Zuge!

(Lisa)

Dankeschön an meine Täter

Dankeschön
für all die gelöschten Erinnerungen.
Ich musste, um als Kind und auch heute überleben zu können,
Bilder des Missbrauches aus meinem Bewusstsein löschen –
so was nennt man Selbstschutz.
Leider sind dabei auch fast alle meine Erinnerungen an meine Kindheit generell gelöscht worden, auch die schönen.
Blitzbilder, die mein Unterbewusstsein nach über 30 Jahren als Hilferuf preisgibt, werden leider von meinem Erwachsenenverstand nicht akzeptiert – es sei denn, außenstehende Personen bestätigen mir meine eigene Glaubwürdigkeit …
Dankeschön
für all die Symptome, von denen ich leider noch nicht alle dem Missbrauch zuordnen kann, für Kopfschmerzen und Migräne, die meine ständigen Begleiter in Stresssituationen sind, für Schmerzen im Unterleib, Schmerzen im Geschlechtsbereich.
Dankeschön

für die vielen Weinattacken, die nicht immer mit Vorwarnung kommen. Ich lebe in einem Wechselbad der Gefühle: himmelhoch jauchzend und zu Tode betrübt.

Dankeschön

für all die Depressionen.

Dankeschön

für die vielen Selbstmordgedanken.

Dankeschön

für die vielen unerklärlichen Panikattacken.

Dankeschön

für die Platzangst, die unerwartet über mich kommt.
Türen dürfen manchmal nur von mir geschlossen werden,
wenn ich in engen/kleinen/dunklen Räumen bin.

Dankeschön

für den Zorn, die Wut, die Aggressionen,
die oft scheinbar grundlos, bei geringstem Anlass und bei den falschen Personen bzw. in falschen Situationen, freigesetzt werden.

Dankeschön

für das Selbstvertrauen, dass ich als Kind nie gelernt habe –
ich musste es mir als Erwachsene mühsam erarbeiten.
Und auch heute habe ich immer noch meine persönliche Herausforderung damit.

Dankeschön

für das Vertrauen in mein Gegenüber, das mir als Kind zerstört wurde – leider ist das nicht nur in partnerschaftlichen Beziehungen sehr hinderlich, sondern im ganzen zwischenmenschlichen Bereich.

Dankeschön dafür,

dass das von mir Erlebte dazu beiträgt, dass ich meinem Partner gegenüber entweder gar keine Gefühle entgegenbringen kann oder aus Angst vor dem Alleinsein/Verlassenwerden anfange, zu sehr zu klammern.

Dankeschön dafür,

dass ich immer das Gefühl habe, für alle anderen da sein zu müssen, funktionieren zu müssen. Ich habe nie gelernt, dass meine eigenen Bedürfnisse auch wichtig sind.

Dankeschön,

dass ich immer alles perfekt haben muss, dass ich selbst von mir absoluten Perfektionismus erwarte – aus Angst davor, nicht geliebt oder akzeptiert zu werden.

Dankeschön,

dass mir nur meine Ordnung Sicherheit gibt. Ich brauche einen geregelten Tagesablauf, um überleben zu können. Jedes Ding muss exakt an seinem Platz sein, alles muss genau im selben Rhythmus getan werden – nicht sehr förderlich im Zusammenleben mit einer Familie mit Kindern. Chaos zieht mir den Boden unter den Füßen weg. Renovieren oder Umräumen ist eine stressige Herausforderung. Änderung von Plänen ein Graus.

Dankeschön,

dass ich nie gelernt habe – rechtzeitig – Grenzen zu setzen. Meine ersten Gehversuche auf diesem Gebiet erschienen euch dann so drastisch, weil ihr es nie von mir gewohnt wart.

Dankeschön

für den Verlust meiner Familie. Um überleben zu können, musste ich mit meiner ganzen Familie brechen, denn als ich anfing zu reden, für euch ohne

Hand und Fuß, hat mir keiner geglaubt und vertraut. Logisch, seid ihr ja auch dort zu finden …

Dankeschön

für all die Tage und Stunden, in denen nur noch das eine Thema – der Missbrauch – in meinem Kopf war.

Dankeschön

für die Momente, in denen ich die Bilder in Alkohol zu ertränken versuchte, in denen ich in Essattacken zu vergessen versuchte.

Dankeschön

für meinen unstillbaren Durst nach Wärme/Liebe/Zuneigung. Diese ewige Suche zieht sich durch mein ganzes Leben.

Dankeschön

für die dauernde Ruhelosigkeit – unschwer an meinem Leben zu erkennen.

Dankeschön dafür,

dass ich immer auf der Flucht war, nie wusste wovor. Die Flucht hat mir nichts genutzt. Wovor ich fliehe, trage ich in mir.

Dankeschön dafür,

dass ich keine Wurzeln habe.

Dankeschön dafür,

dass ihr mich trotz allem immer als das schwarze Schaf angesehen habt. Ich wollte euch doch immer nur gefallen, es immer nur jedem recht machen.

Dankeschön dafür,

dass es mir zurzeit nicht möglich ist, meine Sexualität mit dem Menschen, der mich aufrichtig liebt und den ich so sehr liebe, auszuleben.

Die körperlichen Symptome machen es mir mehr als schwer. Außerdem bedeutet Liebe gleich Vertrauen, und das habe ich dank euch verlernt.

Dankeschön dafür,

dass ich Liebe nicht annehmen kann.

Dankeschön

für die Angst vor dem Alleinsein, für die Angst vor der Dunkelheit. Es ist mit 38 nicht normal, dass ich z. B. alleine im Schlafzimmer immer ein Licht brennen lassen muss.

Dankeschön dafür,

dass ich dies erst mit fast 37 verstehen durfte, nachdem mir Außenstehende erklärt hatten, dass ich als kleines Mädchen oft ans Bett gebunden wurde, im dunklen Haus alleine gelassen, während meine Eltern lieber ein paar Straßen weiter bei Freunden saßen. Dieses Bild spreche ich aus, weil ich es schon immer in mir getragen habe, nie zuordnen konnte, jetzt endlich verstehe. Seitdem vertraue ich mir selbst – und auch den neuen Bildern, die inzwischen immer wieder auftauchen.

Dankeschön,

dass ihr mir wenigstens dieses Bild gelassen habt. Erklärt es doch mein ganzes Leben.

Dankeschön.

(Sarija)

Geschwisterinzest

Eine weitere Form des Missbrauches, die häufig nur als *Doktorspielchen* unter Geschwistern abgetan wird, ist der Beischlaf unter Geschwistern. Auf diesem Thema liegt ein noch größeres Tabu als auf dem sexuellen

Missbrauch generell. Die Form des Geschwisterinzests kommt fünfmal häufiger vor als der so genannte Vater-Tochter-Inzest. Beides ist strafbar, der Geschwisterinzest kommt jedoch viel seltener an die Öffentlichkeit oder zur Anzeige. Wenn überhaupt, kommt meist der Vater-Tochter-Beischlaf zur Anzeige, der als Missbrauch sowieso strafbar ist.

Zwei bis vier Prozent der Bevölkerung machen – nach Schätzungen des Freiburger Max-Planck-Instituts *–inzestuöse Erfahrungen* aus, genaue Studien darüber gibt es jedoch nicht, da für die Forschung in diesem Bereich die notwendigen Gelder fehlen. Auch hier ist die Dunkelziffer mit Sicherheit wesentlich höher.

Vorsichtig geschätzt, geht man davon aus, dass ca. 10 % der Mädchen von ihren Brüdern missbraucht werden. Hierfür kann es verschiedene Gründe geben, zum einen die ungleiche Machtverteilung innerhalb der Familie. Der Junge lebt seine Machtgefühle an seiner Schwester aus, da er gegen die Erwachsenen in der Familie nicht ankommt. Auch eine große Familie mit vielen Geschwistern kann eine Rolle spielen, genauso wie eine fehlende Vertrauensbasis in der Familie überhaupt. Ebenso kann ein Grund für solche Vorgehensweisen darin liegen, dass man in der Familie *Sex und Sexualität* als Thema tabuisiert oder eben als Hauptthema wählt.

Wie beim Missbrauch auch finden die Übergriffe nicht einmalig, sondern häufiger und über einen längeren Zeitraum statt.

Wichtig ist, dass man den folgenden Ansatz nicht außer Acht lässt. Ein Junge, der seiner Schwester so etwas antut, kann durchaus selbst Betroffener eines Missbrauches sein. Hierbei spielt es keine Rolle, ob es ein körperlicher, seelischer und/oder sexueller Missbrauch ist.

Häufig agieren die Jungen ihre schrecklichen Erfahrungen aus, indem sie das Gleiche mit schwächeren Personen, in dem Fall ihren Schwestern, tun.

Mädchen, die genauso traumatische Erfahrungen gemacht haben, richten ihre Aggressionen jedoch nicht nach außen, sondern nach innen, gegen sich selbst. Dies endet häufig in selbstverletzendem Verhalten wie zum Beispiel Ritzen oder Ähnliches oder schlimmstenfalls im Suizid.

Das Bundesverfassungsgericht beschloss am 26. Februar 2007, dass *Geschwisterinzest* weiterhin strafbar bleibt.

6. Pädophilie

Wörtliche Übersetzung:
Griechisch: παις [pais] *Knabe, Kind* und φιλια [philia] *Freundschaft*

Ursprünglich kommt der Begriff *Pädophilie* aus dem Griechischen und bedeutet übersetzt soviel wie *Kinderliebe* bzw. *Liebe zu Kindern*. In unserer Zeit jedoch ist diese Begriffsbestimmung nicht mehr aktuell, die Bedeutung ist eine völlig andere.
Wir verstehen heute unter dem Begriff Pädophilie das sexuelle und häufig auch emotionale Interesse eines Erwachsenen am Körper eines Kindes. Wir können uns nun ganz einfach vorstellen, was unter diesem Begriff gemeint ist. Wann spricht man nun von Pädophilie und wann nicht? Wie sieht das die Wissenschaft? Und wie definiert sie ihn?
Der Begriff Pädophilie wurde von dem deutsch-österreichischen Psychiater Richard von Krafft-Ebing (1840-1902) eingeführt.
Er schrieb sein berühmtestes Buch zu diesem Thema 1896 unter dem Titel *Psychopathia Sexualis*. Es zählt heute für viele Menschen zum Standardwerk in der Wissenschaft. Hier wurden auch erstmalig die wichtigsten und somit auch charakteristischen Merkmale der Pädophilie aufgezählt, die hier geschrieben stehen:

- Das sexuelle Interesse richtet sich auf Kinder vor der Pubertät oder auf Kinder, die sich in einem frühen Stadium der Pubertät befinden.

- Das sexuelle Interesse an Kindern ist primär; das heißt, das Interesse an erwachsenen Sexualpartnern ist entweder nicht vorhanden oder nur sehr nachrangig ausgeprägt.
- Das sexuelle Interesse an Kindern ist zeitlich stabil und besteht nicht nur vorübergehend.

Diese Diagnosekriterien bestehen seit über 100 Jahren und haben nichts an ihrer Gültigkeit verloren.

Im Laufe der vielen Jahre, in denen immer wieder neue Erkenntnisse durch die Forschung dazukamen, sind noch weitere Merkmale dazugekommen. Seine über 100 Jahre alten Diagnosekriterien gelten in ihren Grundzügen bis heute. Aufgrund dieser Erkenntnisse kann man heute sehr zuverlässig eine pädophile Ausrichtung diagnostizieren.

Damit man wirklich von Pädophilie sprechen kann, muss zwischen den Partnern ein Altersunterschied von mindestens fünf Jahren bestehen. Wenn gleichaltrige Jugendliche in der pubertären Phase sexuelle Erfahrungen austauschen, auch wenn Sie unter 14 Jahren sind, so spricht man nicht von Pädophilie.

Man spricht erst dann davon, wenn es sich tatsächlich um einen Erwachsenen handelt, der eine Beziehung mit einem Kind eingeht, das noch nicht in der Pubertät ist. Um die Diagnose Pädophilie zu stellen, muss der Betroffene mindestens 16 Jahre alt sein, denn erst dann bleibt die sexuelle Neigung bestehen.

Die so genannten Kernpädophilen können nur Beziehungen mit Kindern eingehen. Sie fühlen sich nur von ihnen angezogen. Eine Beziehung zu einer gleichaltrigen Person ist ausgeschlossen. Ihre Sexualität ist tief in ihrem Wesenskern verankert.

Bezeichnungen wie strukturierte Pädophile werden dann benutzt, wenn man zum Beispiel pädophil ausgerichtete Missbrauchstäter von anderen abgrenzen will.

Des Weiteren stellt sich die wichtige Frage: Sind alle Pädophilen Missbrauchstäter? Oder sind alle Missbraucher pädophil?

Wer eine sexuelle Beziehung zu einem Kind eingeht – ob nun mit oder ohne Geschlechtsverkehr –, begeht Missbrauch am Kind. Hier spielt es keine Rolle, ob man eine pädophile Neigung hat oder nicht.

In den Medien werden die beiden Begriffe *pädophil* und *Missbrauch* häufig in einem Zuge genannt. Dies ist jedoch so nicht richtig, da nicht jeder Missbraucher auch pädophil veranlagt ist. In den meisten Fällen, die statistisch erfasst sind, ist es so, dass nur ein geringer Prozentsatz der Missbrauchstäter tatsächlich als pädophil diagnostiziert oder eine Neigung dahingehend hat.

Es ist wichtig zu erwähnen, dass der sexuelle Missbrauch ein sehr komplexes und sehr weitreichendes Thema ist, das von den unterschiedlichsten Tätergruppen begangen wird. Der Prozentsatz der männlichen Missbraucher ist wesentlich höher als der der missbrauchenden Frauen, was jedoch nicht bedeutet, dass dies in wenigeren Fällen der Fall ist, sondern nur, dass der Missbrauch, der durch Frauen begangen wird, einem noch größeren Tabu unterliegt.

Ist eine Differenzierung zwischen Pädophilen, Pädokriminellen und Kinderschändern möglich?

Der amerikanische Psychiater Nicolas Groth unterscheidet in drei Gruppen: in die so genannten *Kernpädophilen*, den *regressiven* und den *antisozialen Gewalttäter*.

Das sexuelle Interesse des so genannten Kernpädophilen ist seit der Pubertät fast ausschließlich auf Kinder gerichtet. Er sehnt sich im Wesentlichen nach der großen Liebe – in einer einvernehmlichen Sexualität dann endend – und glaubt, diese mit dem Kind erleben zu können. Eine Beziehung zu einem Erwachsenen ist ihm nicht möglich. Er sieht nur das, was er in der Beziehung zum Kind sehen will: Streicheleinheiten, Liebkosungen oder das Kuscheln mit einem Kind empfindet er als Erwiderung seiner Gefühle. Er arbeitet eher mit subjektiver Manipulation als mit Gewalt oder Drohungen. Die Beziehung zum Kind wird über einen längeren Zeitraum aufgebaut. Er kennt die Stärken und Schwächen des Kindes und ist davon überzeugt, dass seine Liebe nur das Beste für das Kind sei. Durch die intensiv aufgebaute Beziehung gewinnt er das Vertrauen des Kindes. Die sexuellen Übergriffe finden langsam und schleichend statt. Das Kind vertraut dem Erwachsenen und lässt so auch Dinge und Handlungen zu, die ihm eigentlich unangenehm und zuwider sind. Es gerät immer mehr in eine Abhängigkeitsbeziehung, aus der es sich selber nicht lösen kann.

Es gilt als wissenschaftlich erwiesen, dass nur etwa 25 % der Kindesmissbraucher tatsächlich pädophil veranlagt sind – dies hier sei keine Lobby für Pädophile! Es sind nur wissenschaftliche Zahlen und Fakten, die aufgezeigt werden.

Der weitaus größere Anteil an *Missbrauchern* fällt den anderen beiden Tätergruppen zu, die durchaus in der Lage sind, Beziehungen zu erwachsenen Frauen oder Männern zu führen. In aller Regel tun sie dies auch, haben selbst Familie und Kinder. Aus diesem Grunde ist es auch nicht richtig, dass man automatisch davon ausgeht, dass die Motivation eines Kindesmissbrauchers daher rührt, dass dieser pädophil veranlagt ist.

Wichtig zu wissen ist jedoch auch, dass ein Pädophiler, der einmal ein Kind missbraucht hat durch Geschlechtsverkehr, einer sehr großen

Rückfälligkeitsgefahr unterliegt. Die Quote liegt hier bei gut 50 %. Der größere Anteil an sexuellem Missbrauch wird von so genannten Ersatzobjekttätern – beurteilt als regressiver Typ – durchgeführt. Diese Täter sind durchaus in der Lage, eine Beziehung mit einer erwachsenen Frau zu führen.

Sie haben jedoch häufig Probleme mit ihrem Selbstwertgefühl. Sie fühlen sich unterlegen und schwach. Meist sind sie ihrem Gegenüber auch intellektuell nicht gewachsen. Auch frustrierende Erfahrungen in vorherigen Beziehungen können Gründe sein, sich ersatzweise an ein Kind zu wenden, um die eigenen sexuellen Bedürfnisse zu befriedigen. Missbrauchsfälle in der eigenen Familie führen häufig auf diesen Tätertyp zurück.

Bei Erkennen der Problematik und mit therapeutischer Hilfe ordnet man diesem Täterkreis eine geringere Rückfallquote (10-30 %) zu. Leider ist mir persönlich kein *Fall von Heilung* bekannt!

Die letzte Gruppe missbraucht Kinder – rein aus dem Gefühl der Macht heraus. Kinder sind *einfache Opfer*. Sie können sich nicht wehren und der Erwachsene weidet sich an der Angst und der Hilflosigkeit des Kindes. Auch hier könnte sich der Täter durchaus an eine erwachsene Person wenden, sie überwältigen und missbrauchen. Er ist nicht auf Kinder fixiert wie die Kernpädophilen. Es ist für ihn jedoch wesentlich leichter, sich an einem Kind zu vergehen. Er geht den *Weg des geringsten Widerstandes* – und wer liefert weniger Widerstand als ein Kind?

Diese Täter haben kein Mitgefühl, sie gehen äußerst brutal vor und töten ihre Opfer häufig im Anschluss an die Tat. Dies wiederum unterscheidet sie auch vom zweiten Typ, der seinen Missbrauch über Jahre durchführt. Bei letzterem Täterkreis sind die *Heilungschancen* gleich null. Dieser Täterkreis gleicht immer einer *tickenden Zeitbombe*.

Zusammenfassend kann man sagen, dass dies hier nur eine vereinfachte Form der Darstellung ist. Selbstverständlich ist diese Thematik sehr viel komplexer. Hier soll auch nicht der Eindruck entstehen, dass Pädophile besser wären als die anderen Tätergruppen: Missbrauch ist und bleibt Missbrauch. Die grausamen Folgen sind für die Opfer so belastend, dass sie ein Leben lang unter dieser Qual leiden und ein Suizid nicht selten ist – auch, weil das Opfer sich schuldig fühlt.
Hier sollte nur aufgezeigt werden, dass es verschiedene Ursachen für den Missbrauch an Kindern gibt.

Therapie und Hilfe für Pädophile

In meiner Funktion als Autorin und auch als Betroffene von sexuellem Missbrauch habe ich einige Überlegungen angestellt und versucht, Antworten auf meine Fragen zur oben genannten Thematik zu bekommen.

Ich bin mir durchaus im Klaren darüber, das dies ein sehr heikles Thema ist. Ich habe mich an eine Frau gewandt, die seit über 15 Jahren mit Pädophilen arbeitet: Ich habe Frau Sylvia T. verschiedene Fragen gestellt und sie war durchaus bereit, mir diese zu beantworten:

Was ist Pädophilie für Sie?
Die Pädophilie ist eine sexuelle Orientierung wie die Homosexualität und die Heterosexualität auch, eine Handlung lässt sich davon nicht ableiten. Pädophile, auch als Pädosexuelle bezeichnet, verlieben sich – ausschließlich – in Kinder. Sie gelten als die beliebtesten Pädagogen, auch ohne

Ausbildung, mit viel Einfühlungsvermögen in Kinder, denn sie haben ihre eigene Kindlichkeit bewahrt. Mit Frauen oder Männern können sie nur befreundet sein.

Ist es eine Krankheit?

Diese Frage verneine ich entschieden, auch wenn es so bei der WHO noch – wie früher die Homosexualität – als Krankheit geführt wird. Änderungen sind immer wieder in Diskussion. Allerdings führt das Wissen, das *wenn die Leute wüssten, was ich bin* – also die soziale Ächtung – manchmal zu psychischen Problemen wie Depression, Soziphobie und psychosomatischen Krankheiten. In den letzten Jahren ist der Begriff *Pädophilie* zum Synonym für *sexuellen Missbrauch* geworden, was die Pädophilen – egal wie sie sich Kindern gegenüber verhalten – zum Feindbild unserer Generation gemacht hat. Dass dies bei den Betroffenen nicht ohne Folgen bleibt, ist ja klar.

Heilbar bzw. therapierbar oder sogar genetisch veranlagt?

Die Pädophilie entwickelt sich wie die anderen sexuellen Orientierungen im Kleinkindalter. Viele spüren schon mit acht/neun Jahren, dass sie *anders sind* als ihre gleichaltrigen Kameraden. *Was* anders ist, verstehen sie natürlich erst, wenn sie älter werden. Verändern oder *umpolen* kann man die Betroffenen nicht. Therapie aber brauchen jene, die ihre Triebe nicht kontrollieren können oder wegen der oben genannten psychischen Probleme.

Ob die Pädophilie auch genetisch bedingt ist, ist nicht geklärt. Tatsächlich aber habe ich oftmals in Familien mehrere Betroffene wie Cousins, Onkel, Neffen usw. Das lässt darauf schliessen, dass die Gene eine Rolle spielen.

Wie können Sie mit Ihrer Arbeit helfen?

Pädophile verlieben sich in Kinder und sie werden von den Kindern zurückgeliebt – aber eben auf andere Weise. Kinder können sich nicht in einen Erwachsenen *verlieben* inklusive begehren. Ihre Sexualität ist ausschließlich auf ihren eigenen Körper fixiert und ist für sie nichts anderes als Fußballspielen – wenn überhaupt. Diese Aufklärung müssen Pädophile bekommen, *bevor* etwas passiert.

Unsere Kultur hat Werte und die Kinder bekommen die mit. Wenn da Grenzen überschritten werden – oft auch bei sexuellen Handlungen mit gleichaltrigen Kindern –, entsteht tiefes Schamgefühl. Eine genau so wichtige Aufgabe ist es, den Pädophilen wieder Selbstwertgefühl zu vermitteln, sie zu lehren, über den Vorurteilen der Gesellschaft zu stehen.

Dann berate ich natürlich auch Eltern von Betroffenen, Freunde und auch Psychologen, die sich der Thematik nähern möchten, usw. In der Ausbildung der Psychologen/Psychotherapeuten wird dieses Thema – wenn überhaupt – nur gestreift und sie haben oft dieselben Vorurteile wie die Gesellschaft.

Wie kommen Sie damit klar, wenn Sie von Beziehungen dieser Art berichtet bekommen?

Da die Betroffenen vollkommen anonym mit mir Kontakt halten können, kommen sie sehr früh nach dem Coming In, ihrem eigenen Begreifen der sexuellen Orientierung und haben bei mir ihr Coming Out; das bedeutet, sich das erste Mal bei jemandem öffnen. Die Betroffenen sind dementsprechend sehr jung. Ich habe ein Durchschnittsalter von 20 Jahren. Die Betroffenen sind meist zwischen 15 und 25 Jahren, wenn sie mit mir Kontakt aufnehmen. Da ist in der Regel noch nichts Strafbares geschehen, sondern sie stehen eher noch unter dem Schock, *nicht normal zu sein*. Ältere kommen vielleicht nach einem Übergriff, um zu verstehen und Rat zu holen, damit es nicht wieder passiert.

Das erste Mal mit einem Übergriff – mit dem *Einverständnis* des Kindes – wurde ich erst kürzlich konfrontiert und der Betroffene heulte nur noch vor Wut und Scham über sich selber. Er hat sich einige Tage später bei dem betroffenen Jungen entschuldigt und ihm versprochen, dass es nie mehr vorkommen würde, und versuchte, ihm die Mitschuld zu nehmen. Auch sagte er nichts über die Gefahr, die ihm vielleicht selber drohte und sagte ihm, dass er mit seinen Eltern darüber reden sollte, wenn er das Bedürfnis hätte. Der Junge akzeptierte das und wollte gleich wieder in diese Situation, in der es geschah. Das lehnte der Betroffene dann aber ab. Die Situation wiederholte sich nicht mehr.

Ich muss noch beifügen, dass ich eigentlich nur von Boylovern sprechen kann. Girllover kenne ich zwar mehrere, aber keine mit Mädchenfreundschaften. Jungen sind einfach anders, sowohl in ihrer sexuellen Aktivität als auch in ihrem Verhalten – und die meisten Boylovers fühlen sich ja auch als Jungen. Für sie sind die Jungen gleichwertige Partner.

Können Sie selbst es verstehen?

Ja, selbstverständlich. Liebe lässt sich nicht einschränken, aber man muss mit diesen Gefühlen umgehen können.

Und gutheißen?

Ohne Pädophile gäbe es wohl keine ehrenamtliche Jugendarbeit mehr. Sie haben eine natürlich pädagogische Begabung und werden von den Kindern – und Eltern, solange sie sich nicht outen – sehr geliebt. Dieser Teil ist ein Segen für die Gesellschaft. Wenn es aber zu sexuellen Handlungen kommt, dann schlägt es ins Gegenteil um: die Gesellschaft schreit dann auf.

Ich bin nach wie vor die einzige, auf dieses Thema spezialisierte, Beraterin und – zumindest neben einer in Paris, in Europa – nach wie vor die einzige, die das ehrenamtlich, also auf eigene Kosten, macht. Gibt das nicht auch zu denken?

Ich bin mir bewusst, dass es auch kriminelle Pädophile gibt – ich kenne halt einfach keine –, die suchen wohl auch keine Hilfe. Allerdings kenne ich auch keine hetero- oder homosexuellen Vergewaltiger und die gibt es bekanntlich ja auch.

Für weitere Fragen stehe ich Ihnen gerne zur Verfügung – einfach deswegen, weil Sie sich als Opfer nicht nur bemitleiden. Das erinnert mich an meine Kollegin in Paris, die jahrelang – als ehemaliges Vergewaltigungsopfer – Opfer sexuellen Missbrauchs betreute und dann die Erfahrung machte, dass nicht alle Täter so waren, wie ihrer es war, und heute primär mit Pädophilen arbeitet …

Des Weiteren haben Frau T. und ich auch diesen Dialog, per E-Mail, miteinander geführt:

Hallo, Frau T.,

vielen Dank für die Beantwortung der Fragen, das hat mir ein ganzes Stück weitergeholfen.

Es ist interessant, dass die Neigung auch verstärkt in Familien vorkommen kann, wie Sie schreiben, also Onkel, Cousin, Neffen usw.

Wenn ich nun mal trenne Pädophile ohne Übergriffe und Missbraucher, die Häufigkeit in einzelnen Familien vergleiche, dann stellt sich auch mir hier die Frage der Gene.

Ja, Forschung wäre wichtig …

Ich bin der Ansicht, dass Menschen, die Hilfe suchen, auch Hilfe bekommen sollen. Was ich mit meiner Arbeit bezwecke, sind Aufklärungsschutz und Prävention.

Das ist eine schöne Aufgabe.

Ich zeige verschiedene Seiten auf: das Opfer, der Missbraucher mit Gewalt oder ohne und auch Pädophile. Ich bin nicht dafür, dass man das Leben eines Menschen zerstört, der niemals übergriffig wurde, doch bleibt ein gewisses Gedankengut an Restrisiko: Wer sagt mir, dass dieser Mensch nicht eine tickende Zeitbombe ist?

Sein Charakter.

Aus diesen Gründen waren die anhängenden Fragen auch so wichtig für mich. Präventionsarbeit – auf allen Seiten.

Ich werde die Betroffenen, die in den nächsten Tagen mit mir in Kontakt stehen, fragen, ob sie mir zur Verfügung stehen möchten. Einer wird sich wohl bereiterklären. Leider sind die Semesterferien schon zu Ende ...

Es ist eine sexuelle Orientierung, aber es ist tabu, Kinder auf sexuelle Weise zu lieben. Ein Kind wird dadurch zerstört, ob es nun mit Liebe oder Gewalt geschieht.

Was konkret verstehen Sie unter auf sexuelle Weise zu lieben*? Was verstehen Sie unter* Kind*?*

Ich kenne beide Seiten, also behaupte ich zu wissen, wovon ich spreche.

Beide Seiten – und wie viele von beiden Seiten? Ich habe mir meine Feinde auch schon gemacht, weil ich mich diesem Thema widme. Man fragt schon, ob ich das gutheiße, es toll finde – vielleicht selber so mache. Kann ich alles verneinen.

Die Menschen haben Angst vor diesem Thema und verstehen unter sexuellen Handlungen meist Penetration. Es gibt wohl kein Thema, das so tabuisiert ist wie dieses und dennoch glauben alle, etwas davon zu verstehen. Wer sich kritisch damit befasst, bekommt eins auf die Mütze – selbst uns Wissenschaftlern geht das so. Aber ich sage klar und deutlich: Ich kann nur Auto fahren, wenn ich den Führerschein mache. Und ich kann nur gute Präventionsarbeit leisten, wenn ich informiert bin. Urteilen kann ich ganz schnell, doch glaube ich nicht, dass mir das oder anderen Menschen hilft.

Es wäre ein Mitsingen im Chor – und das tun leider die meisten ... Es wäre sehr schön und hilfreich, wenn mir jemand diese Fragen beantworten könnte; wer weiß, was für eine Art Buch entsteht – vielleicht eins eigens für sich selber, vielleicht auch eins mit wunderbaren hilfreichen Konzepten für Präventionsarbeit.

Mal sehen. Einer wird sich schon finden. Wir sind halt gerade auch noch an einer Doktorarbeit und dafür brauche ich auch mindestens 15 Probanden. Nicht alle sind stark genug, sich auch noch außerhalb ihrer eigenen Probleme mit der Thematik zu befassen. Das kann für den einen oder anderen auch eine Belastung sein.

Ich danke Ihnen auf jeden Fall für Ihre Unterstützung.

Gern geschehen.

Weitere Recherchen haben sich ergeben, weil seit Sommer 2005 an der Berliner Charité ein Forschungsprojekt seinen Anlauf fand. In diesem Projekt geht es darum, Pädophile so weit in ihren Verhalten zu unterstützen, dass ein Übergriff auf Kinder nicht stattfindet.

Nach dem heutigen Stand der Forschungen ist Pädophilie nicht heilbar. Die Neigung kann nicht wegtherapiert werden, also kann als realistisch erreichbares Therapieziel nur die Verhaltensveränderung des Betroffenen angestrebt werden. Das Wichtigste hierbei ist natürlich, dass es Präventionsarbeit ist.

Mit diesem Therapiemodell sollen Kinder aktiv vor Übergriffen geschützt werden. Somit dient das Forschungsprojekt der Prävention.

Das Projekt, das die Berliner Charité anbietet, ist einzigartig. Es gibt derzeit kein vergleichbares Therapieangebot.

Nach bisherigen Schätzungen gibt es cirka 200.000 pädophil veranlagte Männer in Deutschland. Frauen scheinen nur minimal pädophil veranlagt zu sein. Die Personen kommen aus allen gesellschaftlichen Schichten – vom Arbeitslosen bis zum Topmanager und darüber hinaus, ist alles vertreten.

Die Therapieplätze in der Charité sind jedoch begrenzt, da sie mit öffentlichen Mitteln gefördert werden. Finanziell beteiligt sich zum Beispiel der Verein Hänsel und Gretel an dem dreijährigen Forschungsprojekt. Auch der Staat beteiligt sich offenbar mit 250.000 € jährlich – für drei Jahre – an dem Projekt.

Sicher stellen sich hier Opfer von Missbrauch und ihre Mitstreiter zu Recht die Frage: Wieso werden Gelder in dieses Forschungsprojekt investiert, während wir Betroffenen täglich um unser Überleben, unsere Therapien usw. kämpfen müssen?

Um gute Präventionsarbeit leisten zu können, ist es wichtig, alle Seiten zu beleuchten. Wir können und dürfen die Täter nicht außer Acht lassen; je mehr im Vorfeld getan wird, umso weniger Übergriffe an Kindern wird es geben. Somit ist diese Arbeit ein wichtiger Beitrag zum Wohle eines jeden Kindes, auch wenn es oftmals schwierig ist, die Menschen von der Dringlichkeit dieser Arbeit zu überzeugen.

Die Dunkelziffer von sexuellem Missbrauch an Kindern wird derzeit auf 60.000 geschätzt. Davon kommen nur 15.000 zur Anzeige. Die tatsächliche Zahl der Dunkelziffer ist sicherlich um ein Vielfaches höher. Gerade deshalb ist es unsere Pflicht, aufzuklären und dafür Sorge zu tragen, dass die Zahl der Missbrauchsfälle drastisch sinkt.

Es ist dringender denn je, dass man schnellstens Therapieplätze für Pädophile, die sehr wohl therapiewillig sind, zur Verfügung stellt –wenn es in Deutschland endlich ausreichend Therapieplätze geben würde! Die Pädophilen sind sich sehr wohl im Klaren darüber, dass sie eine Gefahr für die Kinder darstellen. Zudem sind die Therapieplätze äußerst wichtig, um das Risiko eines Missbrauchs so weit wie möglich zu minimieren.
Wie dem vorangegangenen Kapitel zu entnehmen war, gibt es verschiedene Tätergruppierungen. Die Gruppe der Kernpädophilen scheint nach wissenschaftlichen Studien die einzige Gruppe zu sein, bei der man schon im Vorfeld etwas zum Schutz unserer Kinder tun kann. Diese Chance muss genutzt werden! Nicht nur in Deutschland, sondern europa- und weltweit!

Interviews mit Pädophilen

Die beiden folgenden Interviews habe ich im Rahmen meiner Recherchearbeit für das hier vorliegende Buch geführt. Ich versuchte herauszufinden, ob bei den Pädophilen – wie häufig bei den anderen Missbrauchstätergruppen – schon in der Herkunftsfamilie Tendenzen für den Missbrauch an Kindern erkennbar und absehbar waren.
Häufig hört man im Nachhinein von den Tätern, dass sie selber in ihrer Kindheit missbraucht oder misshandelt worden sind. Dies rechtfertigt in keiner Weise den Missbrauch an einem Kind. Hier wollte ich also herausfinden, ob es im Kreise der Pädophilen ebensolche Kindheitserfahrungen gibt.

Die beiden Herren, die bereit waren, die Fragen zu beantworten, stammen jedoch aus stabilen familiären Verhältnissen, in denen weder körperlicher noch sexueller Missbrauch ein Thema war oder ist.

Interviewfragen an Tim:

Guten Tag, mein Name ist Angela Moonlight, ich bin Autorin. Ich danke Ihnen schon jetzt für Ihren Mut, meine Fragen zu beantworten.

Meine erste Frage bezieht sich auf das soziale Netz.

1. Wie verlief Ihre Kindheit? Sind Sie in einer normalen Familie groß geworden?

Meine Kindheit verlief sehr durchschnittlich – das meinen Sie bestimmt mit *normal*, oder? Heiles Elternhaus, drei Geschwister, stabile soziale und wirtschaftliche Situation. Wir hatten immer viele Haustiere und ich wurde und werde von beiden Eltern genauso geliebt, wie ich sie auch heute noch liebe.

2. Gab es Übergriffigkeiten in Ihrer Familie?

Wenn Sie körperlichen, psychischen oder gar sexuellen Missbrauch meinen, dann nein. Allerdings hat mein Vater meine Geschwister und mich gelegentlich tüchtig durchgekitzelt. Ach, jetzt wo Sie fragen, erinnere ich mich, die eine oder andere Ohrfeige – insgesamt während der gesamten Kindheit vielleicht ein Dutzend – eingefangen zu haben. Mein Vater liebt meine Mutter mehr als sein eigenes Leben. Gleiches gilt für meine Mutter. Mit diesem Gefühl bin ich groß geworden.

3. Wie sehen Ihre heutigen Familienverhältnisse aus?

Ich persönlich bin ledig, da ich mir *schon* mit 20 Jahren meiner Veranlagung – homosexuell, pädophil – bewusst wurde.

Ansonsten habe ich sowohl mütterlicher- als auch väterlicherseits viele Onkel, Tanten, Cousins und Cousinen.

4. Wie ist Ihr Stand in der Gesellschaft?

Diese Frage ist sehr unpräzise gestellt, aber ich versuche, so zu antworten, wie ich glaube, dass Sie die Frage gemeint haben.

Ich bin Akademiker am Ende der Ausbildung – ein Fach, welches nichts mit Kindern zu tun hat. In meinem sozialen Umfeld war ich schon mein Leben lang gut integriert und habe einen großen Freundeskreis. Ich engagiere mich ehrenamtlich und fühle mich nicht nur respektiert und geachtet, sondern auch wertgeschätzt. Viele Freunde bezeichnen mich als eine Vertrauensperson von ihnen.

5. Haben Sie sich als Pädophiler geoutet?

Gegenüber meinen Eltern und meinem besten Freund habe ich mich geoutet. Ansonsten wissen Sylvia T. und 'ne Menge anderer Pädos, das ich Pädo bin.

6. Sind sie verheiratet?

Nein, sehen Sie Frage 3!

7. Haben Sie selbst Kinder?

Keine eigenen, nein, aber jede Menge Besuch von Kindern.

Meine zweite Frage betrifft den psychischen Bereich.

1. Wann haben Sie es das erste Mal gespürt?

Ausgehend davon, dass Sie mit *es* meine Pädophilie meinen, lautet die Antwort: rückblickend mit zwölf Jahren, als ich mich in einen gleichaltrigen Schüler aus der Parallelklasse verliebt hatte. Zu dem Zeitpunkt hatte ich aber keine Ahnung von dem Gefühl und konnte es nicht einordnen.

2. War es eher ein Gefühl von Liebe oder von Macht ?

Was meinen Sie mit *es*? Wenn ich von Pädophilie spreche, dann spreche ich davon, dass ich mich emotional und sexuell von einem vorpubertären Jungen angezogen fühle – allgemein: einem *Kind*. Siehe auch Beier, Kernpädophilie/Primärpädophilie.

Da ich noch nie Sex mit einem Kind hatte, kann ich nicht sagen, ob dieser sexuelle Akt mir ein Gefühl von Macht geben würde, ich bezweifle dies aber stark. Ob ich bei der Liebe zu Kindern Liebe empfinde, brauch ich nicht näher zu erläutern, hoffe ich. Macht empfinde ich dabei nicht.

Mein Wohlbefinden und meine emotionale/seelische Befriedigung aus dem Umgang mit Kindern basiert auf dem Wohlbefinden der Kinder. Dieses Wohlbefinden der Kinder ist, mathematisch gesprochen, notwendige Voraussetzung für mein Wohlbefinden.

3. Wie erklären Sie sich selbst diese Art von Liebe zu Kindern?

Pädophilie ist ein recht moderner Begriff – siehe Hirschfeld cirka Ende des 19. Jahrhunderts. Davor wurde generell von Trieb und Sexualität gesprochen. In den Übersetzungen aus dem alten Griechischen oder Römischen stehen die Übersetzer regelmäßig vor großen Schwierigkeiten, da der Begriff des sexuellen Aktes ohne genauere Präzisierung sich auf beide Geschlechter und auch auf den kindlichen Sexualpartner – meist Jungen – beziehen kann. Auch in der heutigen Zeit sind in anderen Kulturen die bei uns üblichen sexuellen Grenzen und Begrifflichkeiten nicht oder nicht gesellschaftlich bindend abgegrenzt.

Bei Betrachtung des Tierreiches stellt man fest, dass auch dort sexuelle Handlungen mit nicht geschlechtsreifen Jungtieren durchaus regelmäßig vorkommen. All diese Fakten kann man als gut oder schlecht bewerten, es ändert aber nichts an ihrem Vorhandensein.

Der amerikanische Forscher Kinsey fand zwischen 1950 und 1980 in Masseninterviews heraus, dass Homosexualität keine vorhandene Veranlagung ist, die Mann/Frau entweder hat oder auch nicht, sondern dass es eine Dimension der Sexualität ist. Er schlug eine Skala von 1 bis 6 vor: 1 steht für absolut homosexuell und 6 für absolut heterosexuell. Über seine Arbeit sagte er, dass er nur ganz wenige Menschen getroffen hätte, die dem einen oder anderen Extrem auf der Skala entsprachen.

Wir alle tragen einen Teil von beidem in uns, siehe auch die Berichte von Menschen, die erst in mittleren Lebensjahren feststellen, sich zum anderen oder gleichen Geschlecht hingezogen zu fühlen, obwohl es bisher anders war. Meiner Meinung nach ist dieses Modell um die Dimension *Alter* zu erweitern. Aus der hohen Zahl der Klicks auf Internetseiten mit jugendlichen Mädchen in sexuellen Posen heraus sieht man, dass es ein breites Interesse an solchen Stimulierungen gibt. Da dies aber tabuisiert ist, mag das natürlich niemand zugeben.

Zur Beantwortung der Frage: Ich bin der festen Überzeugung, dass ein wesentlicher Anteil der Bevölkerung – persönlich schätze ich zwischen 20 und 30 Prozent – die genetische Voraussetzung, die genetische Disposition, für Pädophilie in sich trägt. Aufgrund von auslösenden Ereignissen, *Trigger* genannt, kommt diese Veranlagung bei einigen in den ersten Lebensjahren zum Tragen. Zur Information: Laut Berliner Männerstudie, der BMI, von Prof. Beier an der Charité ist cirka 1 Prozent der männlichen Bevölkerung als pädophil zu bezeichnen. Das hieße, auf Deutschland hochgerechnet bis zu 400.000 Männer; Alte und Vorpubertäre abgezogen, möglicherweise um die 200.000.

4. Welchen Stellenwert hat das Kind in einer solchen Beziehung?

Das Wohlbefinden des Kindes ist notwendige Voraussetzung dafür, dass ich meine emotionalen Bedürfnisse befriedigt sehe.

5. Wer bestimmt die Sexualität?

Ich habe keinen Sex im strafrechtlichen Sinne mit Kindern. Das heißt: keinerlei direkter Kontakt mit den Geschlechtsteilen, keine Penetration usw. Allerdings gibt es viele Situationen, die ich als höchst erotisch empfinde; zum Beispiel das Kind kuschelt sich an, schmiegt sich an, schläft auf meinem Schoß ein, lässt sich den Kopf oder den Rücken oder die Ohren massieren, kraulen. So nehme ich das an sexuellen Gefühlen in den Kontakten mit Kindern mit, was man beim normalen Umgang mit Kindern mitnehmen kann.

Hoffentlich beantworten diese Ausführungen Ihre Frage ...

6. Warum ist die Beziehung zu gleichaltrigen Partnern nicht möglich? Fühlen Sie sich ihnen gegenüber ohnmächtig?

Gegenfrage an einen 30-jährigen Heterosexuellen: Warum ist keine Liebesbeziehung zu einer über 80 Jahre alten Frau möglich? Mögliche Antworten:

Die ist doch zu alt, nicht mehr zeugungsfähig, nicht attraktiv usw.

Wann entscheidet sich, was für jemanden *zu alt* ist? Wer entscheidet das? Der Übergang von Zeugungsfähigkeit zu nicht mehr zeugungsfähig in den Wechseljahren ist ein körperlicher Vorgang – analog dazu die Pubertät. Aber warum soll sich ein 30-Jähriger nicht trotzdem in diese Frau verlieben? Es fehlt die Ansprechbarkeit des 30-Jährigen auf die körperlichen und geistigen Merkmale der älteren Dame. Diese Eckdaten lassen sich auch in die andere Richtung aufführen, sprich ein 30-Jähriger, der nicht auf ein vorpubertäres Kind anspricht. Wenn man bei dieser Konstellation jetzt die

Vorzeichen ändert, also aus Nichtansprechbarkeit wird Ansprechbarkeit, ist man bei der Pädophilie.

Dies heißt konkret: Fragen Sie eine/-n normale/-n Heterosexuelle/-n, warum sie/er sich nicht in eine/-n alte/-n Frau/Mann verliebt und Sie haben die Antwort eines Pädophilen, warum er sich nicht in gleichaltrige oder zumindest geschlechtsreife Menschen verlieben kann.

Zu mir persönlich: Ich habe zwischen dem 18. und 20. Lebensjahr bewusst und vehement versucht, mich in gleichaltrige Mädchen und danach auch in Männer zu verlieben, aber es hat nicht geklappt.

Ohnmächtig fühle ich mich fast niemandem gegenüber. Ich habe mein Leben voll unter Kontrolle und begegne meinen Mitmenschen auf Augenhöhe.

7. Wie verläuft die Beziehung zum Kind?

Freundschaftlich und nett. Keine Ahnung, was Sie hier wissen wollen. Es gibt bei mir keinen standardisierten Verlauf.

8. Wie nähern Sie sich dem Kind?

Meist nähern sich die Kinder mir. Ich gehe nicht auf Kinderfang, die Kinder kommen zu mir. Bestimmt schwer vorstellbar für jemanden, der mit Kindern nicht viel zu tun hat, aber Kinder merken sehr wohl, wenn man sie ernst nimmt. Manchmal reicht schon, dass ich ein Kind attraktiv finde, damit es Kontakt zu mir sucht. Aber wie gesagt, ich glaube kaum, dass sich das ein normaler heterosexueller Mensch vorstellen kann …

9. Woran wird die Liebe festgemacht? Am Alter? Wie lange kann die Liebe dauern, bis sie gegen ein jüngeres Kind ausgetauscht werden muss?

Haben Sie mal die heutigen Scheidungsraten gesehen? Glauben Sie wirklich, dass der Mensch ein von Natur aus monogames Wesen ist?

Jedenfalls deutet Ihre Fragestellung darauf hin, dass Sie das *Austauschen* eines Liebespartners als etwas Verwerfliches ansehen.

Zur Frage: Ich kenne Pädos, bei denen die Freundschaften mit den Kindern weit über das kindliche Alter hinausgehen. Häufig bis weit ins Erwachsenenalter hinein.

Es ist also nicht so, dass die Liebe aufhört und Pädo sich ein neues Opfer sucht. Es ist eine fließende Veränderung der Beziehung. Ich verliebe mich in Jungs, die fast immer zwischen neun und zwölf Jahren alt sind, aber das hindert mich nicht im Geringsten daran, auch dann noch mit ihnen befreundet zu sein, wenn sie älter werden.

Warum Mensch sich verliebt, kann ich Ihnen nicht sagen, fragen Sie das bitte Psychologen, Biologen, Philosophen oder Theologen.

10. Muss sie das überhaupt oder kann man die Beziehung weiterführen?

Frage 9 beantwortet das.

11. Wird die Beziehung öffentlich gemacht?

Dass ich ihren Sohn mag, wissen die Eltern – die Mütter – grundsätzlich. Auch spreche ich ganz offen über Nähe, körperlichen Kontakt und Umgang miteinander, sowohl mit dem Jungen als auch mit den Eltern – meist der Mutter. Meine Nachbarn bekommen mit, dass ich mich nett um Kinder kümmere. In diesem Sinne: Ja, die Freundschaft ist in einem gewissen Rahmen öffentlich. Allerdings weiß keine der angesprochenen Gruppen von der Tiefe meiner Gefühle für den Jungen.

12. Wenn nein, was wird für die Geheimhaltung getan?

Ich versuche, nicht zu offensichtlich mit ihm vor anderen Leuten zu kuscheln.

13. Was ist, wenn das Kind über diese Beziehung erzählt? Wir erfahren immer wieder von Einschüchterung, Drohungen usw. in solchen Fällen.

Meine Jungs fordere ich sogar dazu auf, mit den Eltern – meist der Mutter – über die Zeit bei mir zu reden, zu erzählen. Je mehr Vertrauen die Eltern in mich haben, umso besser. Allerdings komme ich inzwischen mit den Eltern auf Ebenen, wo diese mich auffordern, doch nicht mit anderen außenstehenden Erwachsenen über meine Freundschaft zu ihrem Sohn zu sprechen, da das falsch rüberkommen könnte.

14. Wie gehen Sie damit um?

Ich setze niemanden bewusst unter Druck und habe kein Problem damit, dies nicht zu tun. Ist damit die Frage beantwortet?

15. Wie schätzen Sie selbst das Geschehen ein? Ist es normal oder eher eine Suchtkrankheit?

Es ist so normal, wie Liebe normal sein kann. Normal heißt übrigens so viel wie *bei den meisten Menschen* – siehe auch die Normalverteilung. Interessanterweise wollen die meisten Menschen zwar normal sein, aber so sein wie alle anderen wollen die wenigsten.

16. Wurde schon mal über Therapie nachgedacht?

Von wem? Was soll an mir therapiert werden? Mir geht es gut, den Kids geht es gut. Therapie muss ein Ziel haben – und dass eine sexuelle Orientierung nicht weggemacht werden kann, ist wissenschaftlicher Konsens.

17. Wie könnte eine solche Therapie aussehen?

Erübrigt sich aus der Antwort zu Frage 16.

18. Ist eine Therapie überhaupt erwünscht?

Von mir nicht, von den Kindern und Eltern, mit denen ich persönlich zu tun habe, bestimmt auch nicht. Von der Gesellschaft und von Menschen, die grundsätzlich Angst vor und schlechte Erfahrung mit Sexualität gemacht haben und vage verzerrte Vorstellungen von Pädophilie haben, bestimmt schon, ja.

19. Bei konkretem Vorgehen, hat schon einmal eine Selbstanzeige stattgefunden?

Es gab noch nie eine juristische Sachlage, die eine Selbst- oder Fremdanzeige erforderlich oder auch nur erfolgsversprechend möglich gemacht hätte.

20. In welchem Verwandtschaftsgrad stehen Sie zum Kind? Als vollkommen fremd oder Familienmitglied oder Bekannter der Familie?

Der Junge kommt aus meinem weiteren sozialen, aber nicht familiären Umfeld.

21. Haben Sie schon einmal über die seelischen und körperlichen Folgen für das Kind nachgedacht?

Ja, sehr viel und intensiv. Auch habe ich auf pädagogische, medizinische und psychologische Fachliteratur zurückgegriffen.

22. Wie sehen Sie diese Beziehung aus moralischer Sicht?

Positiv! Wenn durch eine Veränderung keine Partei schlechter und eine oder mehr Parteien besser gestellt sind als vor der Veränderung, spricht man von *Pareto-Verbesserung*. Diese liegt vor.

23. Sind Sie sich im Klaren darüber, dass diese Art von Beziehung vom Gesetzgeber verboten ist ?

Nein, und ich halte diese Aussage für falsch. Solange ich keine juristischen Grenzen übertrete, ist diese Art von Beziehung nicht vom Gesetzgeber verboten! Allerdings gibt es breite Gruppen in der Bevölkerung, die gerne meine Emotionen und Gefühle bei einer Freundschaft zu einem Kind verbieten möchten.

24. Findet die Beziehung im Offenen statt oder wird man sich immer an bestimmten Räumlichkeiten und Orten treffen?

Beides. Die Jungs kommen mich zuhause besuchen, ich besuche sie zuhause und wir unternehmen viel – mit und ohne deren Eltern.

25. Wie verläuft die Sexualität mit dem Kind?

Für das Kind nicht wahrnehmbar, da nur ich sexuelle Gefühle bei den entsprechenden Kontakten habe. Ich verfolge nicht das Ziel der partnerschaftlichen sexuellen Befriedigung.

26. Ist es normale Sexualität oder werden zur Lustbefriedigung auch Gegenstände verwendet?

Also ist das Verwenden von Gegenständen für Sie nicht normal … Ihre Fragen sagen viel über Sie als Fragende aus. Sprechen Sie mal mit Sexualmedizinern über *normal*! Ich verwende keine Gegenstände, wenn ich mich alleine befriedige, schließe dies aber nicht grundsätzlich aus.

27. Gibt es Personen, die eingeweiht sind in die Beziehung? Oder ist es eher etwas Geheimes zwischen dem Kind und Ihnen?

Meine Mutter und mein bester Freund wissen Bescheid. Außerdem weiß die Mutter des Jungen wohl mehr oder weniger alles, jedenfalls redet sie mit ihm über unsere Freundschaft und ich hoffe und denke, auch über die Art des körperlichen Kontaktes zwischen mir und ihrem Jungen.

28. Ist es eine reine Zweierbeziehung oder kommen mehrere Partner für das Kind in Frage?

Ich kann Ihnen nicht sagen, woran das liegt, aber die Jungs, in die ich mich verliebe, kommen fast alle aus einer heilen und gesunden Familie. Sie haben Vertrauen und empfangen Liebe von ihren Eltern. Ich bin ein großer Freund für den Jungen, auch wenn ich eigentlich nie der einzige Ansprechpartner für ihn bin.

29. Wenn die Beziehung endet, die Gefühle erlöschen, wie auch immer, wie lassen Sie das Kind gehen?

Bei mir erlöschen keine Gefühle wie eine Kerze. Die Gefühle verändern sich ganz langsam und allmählich. Meist geht dies einher mit der einsetzenden Pubertät des Jungen. Diese Veränderung ist aber nicht mit einer emotionalen Distanzierung verbunden. Es ist einfach eine andere Qualität.

30. Verschwiegenheit? Geheimhaltung? Normales Enden einer Beziehung – so nach dem Motto: Ich liebe dich nicht mehr! Oder wie kann ich mir das vorstellen?

Lesen Sie noch einmal oben …

Hoffentlich konnte ich Ihnen mit der Beantwortung der Fragen ein Bild skizzieren, mit dem Sie etwas anfangen können. Bei Rückfragen wenden Sie sich bitte an Sylvia T., diese wird Ihre Fragen an mich weiterleiten. Viel Erfolg bei Ihren Recherchen und dem neuen Buch!

Vielen Dank für die Beantwortung aller meiner Fragen, Tim.

Interviewfragen an Roland:

Guten Tag, mein Name ist Angela Moonlight, ich bin Autorin.

Ich danke Ihnen schon jetzt für Ihren Mut, meine Fragen zu beantworten.

Meine erste Frage bezieht sich auf das soziale Netz.

1. Wie verlief Ihre Kindheit? Sind Sie in einer normalen Familie groß geworden?

Ja, Vater, Mutter, eine Schwester und zwei Brüder. Ich hatte eine schöne Kindheit und gehe noch immer gerne nach Hause.

2. Gab es Übergriffigkeiten in Ihrer Familie?

Nein.

3. Wie sehen Ihre heutigen Familienverhältnisse aus?

Sie meinen meine Herkunftsfamilie? Die sind immer noch gleich wie früher.

4. Wie ist Ihr Stand in der Gesellschaft?

Hm ..., ein zweischneidiges Schwert. Einerseits bin ich sehr beliebt und werde bewundert, weil ich sehr gut mit Kindern umgehen kann. Aber wenn die wüssten, *was* mir diese Begabung schenkt, dann sähe das wohl anders aus!

5. *Haben Sie sich als Pädophiler geoutet?*

Erst bei Sylvia T, dann bei meiner Mutter und dann beim Vater. Die Geschwister wissen es noch nicht. Durch Sylvia T. habe ich aber andere Pädos kennen gelernt und die wissen es logischerweise auch.

6. Sind Sie verheiratet?

Nein, natürlich nicht. Ich begehre ja keine Frauen.

7. Haben Sie selbst Kinder?

Eigene nicht, logischerweise. Wie auch – ohne Frau?

Meine zweite Frage betrifft den psychischen Bereich.

1. Wann haben Sie es das erste Mal gespürt?

Sie meinen die Pädophilie? Mit acht Jahren spürte ich, dass ich *anders* war als meine Kameraden, aber erst mit 14 Jahren konnte ich dieses Anderssein einordnen.

2. War es eher ein Gefühl von Liebe oder von Macht?

Ob die Pädophilie eine Frage von Liebe oder Macht ist? Ich verstehe nicht, was Sie damit meinen. Ist denn die Heterosexualität eine Frage von Liebe oder Macht?

3. Wie erklären Sie sich selbst diese Art von Liebe zu Kindern?

Ich weiß nicht. Bin wohl so geboren ...

4. Welchen Stellenwert hat das Kind in einer solchen Beziehung?

Den größten! Ich liebe Kinder über alles und möchte, dass sie glücklich sind! Mein kleiner Freund hat Schulprobleme und die Eltern können ihm nicht helfen. Das gehört auch zu unserer Beziehung. Aber natürlich macht es uns mehr Spaß, wenn wir etwas miteinander unternehmen oder spielen können.

5. Wer bestimmt die Sexualität?

Wir haben keinen Sex. Manchmal lehnt er sich an mich oder klettert mir auf den Schoss. Dann kuscheln wir zum Beispiel beim TV-Gucken. Manchmal umarmt er mich. Das macht mich glücklich.

6. Warum ist die Beziehung zu gleichaltrigen Partnern nicht möglich? Fühlen Sie sich ihnen gegenüber ohnmächtig?

Nein, ich habe auch gleichaltrige Freunde und Freundinnen, aber ich bin lieber mit Kindern, vor allem Jungs, zusammen. Die meisten Gleichaltrigen sprechen halt über Frauen und Männer – und ich kann ja nicht über meine Liebe zu Kindern sprechen, muss sie irgendwie immer *belügen*. Außerdem kann ich mich weder in Frauen noch in Männer verlieben – aber für viele unter ihnen bin ich der Vertraute.

7. Wie verläuft die Beziehung zum Kind?

Ich bin verliebt und der Junge mag mich sehr. Sehen Sie Frage 4!

8. Wie nähern Sie sich dem Kind?

Kinder reagieren auf mich und ich auf sie. Ich gehe nicht auf Spielplätze, wenn Sie das meinen. Kinder spüren, dass ich sie ernst nehme und dass sie für mich etwas Besonderes sind. Für mich sind Kinder gleichwertig wie Erwachsene.

9. *Woran wird die Liebe festgemacht? Am Alter? Wie lange kann die Liebe dauern, bis sie gegen ein jüngeres Kind ausgetauscht werden muss?*

So viel Erfahrung habe ich noch nicht. Aber von anderen erlebe ich es, dass sich das automatisch ergibt. Der Junge interessiert sich plötzlich für

Mädchen und die Beziehung wird lockerer. Das bedeutet aber nicht, dass die Freundschaft als solche nicht andauern kann, auch wenn keine erotische Anziehung mehr vorhanden ist.

10. Muss sie das überhaupt oder kann man die Beziehung weiterführen?

Sehen Sie Frage 9!

11. Wird die Beziehung öffentlich gemacht?

Wir schmusen nicht gerade in der Öffentlichkeit, wenn Sie das meinen. Aber die Eltern spüren natürlich, dass der Junge mir sehr wichtig ist – wenn auch nicht warum.

12. Wenn nein, was wird für die Geheimhaltung getan?

Sehen Sie Frage 11!

13. Was ist, wenn das Kind über diese Beziehung erzählt? Wir hören immer wieder von Einschüchterung, Drohungen usw. in solchen Fällen.

Das Kind darf alles über unsere Beziehung erzählen. Das outet mich nicht, denn die Gesellschaft hat eine andere Vorstellung von Pädophilen.

14. Wie gehen Sie damit um?

Es tut weh, mit fast niemandem über seine Liebe sprechen zu dürfen.

15. Wie schätzen Sie selbst das Geschehen ein? Ist es normal oder eher eine Suchtkrankheit?

Für mich ist das normal – und für Sylvia T. auch. Allerdings ist ja immer nur das *normal*, was die meisten Menschen tun.

16. Wurde schon mal über Therapie nachgedacht?

Ja, ich mache Therapie. Ich bin oft depressiv und brauche Medikamente, denn ich leide unter der Ächtung der Gesellschaft – auch wenn niemand weiß, dass ich *so* bin. Die Pädophilie selber kann man nicht wegtherapieren, das ist wissenschaftlich geklärt. Aber irgendwie gehört sie auch zu mir und ich kann mir nicht vorstellen, heterosexuell zu sein.

17. Wie könnte eine solche Therapie aussehen?

Sehen Sie Frage 16!

18. Ist eine Therapie überhaupt erwünscht?

Was man außerhalb der Folgekrankheiten für Pädophile tun kann, ist die Beratung durch eine kompetente Person und allein Sylvia T. bietet die – anfangs auch anonym – an. Die Pädophilie ist keine Krankheit und braucht also auch keine Therapie. *Was* die Umwelt mit uns macht – *das* macht krank.

19. Bei konkretem Vorgehen, hat schon einmal eine Selbstanzeige stattgefunden?

Warum sollte ich?

20. In welchem Verwandtschaftsgrad stehen Sie zum Kind? Als vollkommen fremd oder Familienmitglied oder Bekannter der Familie?

Ich hab den Jungen zufällig kennen gelernt und dann auch die Eltern.

21. Haben Sie schon einmal über die seelischen und körperlichen Folgen für das Kind nachgedacht?

Ich weiß, dass missbrauchte Kinder leiden, aber die Eltern sagen mir, dass ich einen sehr positiven Einfluss auf ihren Sohn hätte. Vielleicht wäre das anders, wenn ich mit ihm Sex hätte.

22. Wie sehen Sie diese Beziehung aus moralischer Sicht?

Für mich ist sie absolut OK – auch wenn gewisse Leute sagen, allein das Begehren nach einem Kind würde dem schaden. Sie wollen uns einfach schlecht machen und das wird so bleiben!

23. Sind Sie sich im Klaren darüber, dass diese Art von Beziehung vom Gesetzgeber verboten ist?

Meine Art von Beziehung ist *nicht* verboten. Vielleicht verbietet der mir aber auch mal meine Liebe zu meinem kleinen Freund!

24. Findet die Beziehung im Offenen statt oder wird man sich immer an bestimmten Räumlichkeiten und Orten treffen?

Wie es sich halt einfach so ergibt.

25. Wie verläuft die Sexualität mit dem Kind?

Überhaupt nicht, der Junge weiß gar nichts von diesen Gefühlen bei mir. Er weiß nur, dass ich ihn sehr mag und gerne mit ihm zusammen bin.

26. Ist es normale Sexualität oder werden zur Lustbefriedigung auch Gegenstände verwendet?

Ich brauche nichts zum Onanieren und mit einem Jungen habe ich ja keinen Sex.

27. Gibt es Personen, die eingeweiht sind in die Beziehung? Oder ist es eher etwas Geheimes zwischen dem Kind und Ihnen?

Sie meinen über meine auch erotischen Gefühle für ihn? Meine Familie weiß Bescheid – und natürlich Sylvia T.

28. Ist es eine reine Zweierbeziehung oder kommen mehrere Partner für das Kind in Frage?

Ich denke, dass ich seine engste Bezugsperson bin, aber er öffnet sich auch seinen Eltern.

29. Wenn die Beziehung endet, die Gefühle erlöschen, wie auch immer, wie lassen Sie das Kind gehen?

Die sexuellen Gefühle werden abnehmen, wenn er älter wird, das ist mir klar. Aber ich hoffe, dass unsere Freundschaft erhalten bleibt und er mich zum Götti seiner Kinder macht!

30. Verschwiegenheit? Geheimhaltung? Normales Enden einer Beziehung – so nach dem Motto: Ich liebe dich nicht mehr! Oder wie kann ich mir das vorstellen?

Diese Fragen habe ich schon beantwortet.

Vielen Dank für die Beantwortung aller meiner Fragen, Roland.

Gefahren für Kinder durch Pädophile im Internet

Das Internet ist eine großartige Sache, es bietet für Jung und Alt eine Fülle an Möglichkeiten: Informationen, Spiele, Musik, Filme usw. können in Sekundenschnelle erreicht, abgerufen und somit auch genutzt werden. Zudem schafft es die Möglichkeit, über große und kleine Distanzen hinweg miteinander zu kommunizieren.

Neben E-Mail, Foren und Chats gibt es auch diverse andere Plattformen zur Kontaktaufnahme. Die Gefahr für die Kinder besteht darin, dass sie ihr Gegenüber weder real sehen noch hören können. Sie wissen nicht, mit wem sie in Kontakt treten.

Vom normalen Bürger, der noch nicht strafrechtlich in Erscheinung getreten ist, bis hin zu strafrechtlich in Erscheinung getretenen Personen – ist alles möglich.

Woher wollen die Kids wissen, ob ihr Gegenüber ein gleichaltriges Kind, ein Jugendlicher oder ein Erwachsener ist? Hier – im Schutze der Anonymität – ist alles möglich!

Dies schafft nicht nur die Möglichkeit für Menschen mit Selbstwertproblemen, sicher aufzutreten, sondern auch für Täter, ungehindert Kontakt zu ihren zukünftigen Opfern aufzunehmen, wie Ihnen der folgende Fall aufzeigen wird.

Den Pädophilen auf der Spur

Thomas Bex, von Beruf Privatdetektiv, mit Sitz in Beckingen und Frankfurt am Main, ist seit 1992 in diesem Bereich als Detektiv tätig. Nach mehrjähriger Erfahrung in seinem Beruf machte sich Herr Bex 1996 selbstständig und arbeitete von nun an im Privat- und Wirtschaftsbereich für Privatleute und Unternehmen in ganz Deutschland. Herr Bex wurde mit den unterschiedlichsten Fällen betraut. Diese reichten vom Straf- übers Zivil- bis hin zum Arbeitsrecht.

Im Jahre 2008 wurden die Stimmen immer lauter in Bezug auf Pädophile und Kinderschänder – hörbar auch schon im Jahre 2007, als bekannt wurde, dass alle Angeklagten im Pascal-Prozess freigesprochen wurden. Somit wurde für Herrn Bex ein weiteres Aufgabengebiet an Recherchen geboren …

Es war Mitte März 2008, als ich, Thomas Bex, mich bei einem Internetportal- Anbieter anmeldete – dort, wo sich jeder kennt. Ich wurde sehr schnell auf die verschiedenen Gruppen, bei denen es um Pädophilie, Kindesmissbrauch, Missbrauchsopfer ging, aufmerksam, aber auch auf verschiedene Maßnahmen, wie man diese am besten bekämpft. Da ich schon seit längerem die Pascal-Tragödie verfolgte, Hinweise recherchierte und diesen nachging, wurde mir eins klar: Es gibt noch viel mehr da draußen, das meine Aufmerksamkeit in vollstem Umfang erfordert.

Gesagt, getan. Ich entschloss mich dazu, in diesem Internetportal – da, wo sich jeder kennt – Pädophile ausfindig zu machen. Ich loggte mich also unter einem Mädchennamen ein und gestaltete die Legende so, dass die entsprechende Zielgruppe schnell auf Jenny K. aufmerksam wurde.

Es dauerte auch keine 15 Minuten, da wurde Jenny K. mit Nachrichten und Kennlern-Absichten überhäuft. Unter den gesamten Nachrichten, die Jenny K. erhielt, fielen mir zwei Personenprofile besonders auf, die auf Grund der Form, wie ihre Antworten geschrieben waren, daraufhin deuteten, dass ich hier zwei mögliche Pädophile an der Angel hatte.

Das Profil der ersten Person, die sich sogar noch mit Bild präsentierte, verriet einen verheirateten Mann mit zwei Kindern. Er war zunächst in der Form seiner Annäherung an Jenny K. sehr vorsichtig: *Na hallo, wie geht's, schönes Foto hast du da.* Der Zweite war da schon etwas direkter in seiner Form der Anmache bei Jenny K: *Hallo meine süse Maus, bist eine hübsche.* Bei dieser Person – aufgrund seiner fehlerhaften Schreibweise – konnte man darauf schließen, dass es sich um einen ausländischen Mitbürger handelte.

Also schrieb ich, alias Jenny K., mit den beiden. Es dauerte eine Zeit, bis sie ihren wahren Grund angaben, wieso sie Jenny geschrieben hatten. Sie wollten keine Freundschaft, sie waren auf etwas anderes aus, wie sich im Nachhinein herausstellte. Beide hatten nur sexuelle Gedanken, jedoch auf unterschiedliche Art und Weise.

Der Erste, ich nenne ihn mal Mister X, wollte mit Jenny Nacktfotos machen, von ihr angefasst werden – und natürlich ganz wichtig: Eis essen!

Der andere, ich nenne ihn Mister Y, wollte da schon mehr: richtigen sexuellen Verkehr, mit einem 13-jährigen Mädchen. Das war für mich der Punkt, an dem ich mir sagte: So, Mister Y, du wirst dein *Treffen* bekommen und eine *Riesenüberraschung* erleben.

Im Laufe des Schreibens mit beiden Männern wurde Mister X dann eher zurückhaltender und etwas müde, weil er wahrscheinlich merkte, dass Jenny zu viel wissen wollte. Mister Y dagegen konnte nicht genug von sich mitteilen. Na, sein Profil war auch alles andere als aussagekräftig. Ich konzentrierte mich fortan auf Mister Y.

Er ging dann auch gleich in die Vollen, wollte wissen, wie alt ich wäre, wie groß und wie schwer, welche BH-Größe ich hätte und ob ich noch Jungfrau wäre. Ich schrieb ihm das natürlich alles so, wie ich meinte, dass es zu einem 13-jährigen Mädchen passen würde. Er sprang immer weiter darauf an und wollte immer mehr wissen: Ob ich alleine zuhause wäre oder ob meine Mutter oder mein Vater da wären, ob ich Geschwister hätte und ob ich eventuell nachts alleine raus dürfte.

Ich musste ihm natürlich jetzt einen Teppich legen, damit er weiter Vertrauen in die Sache bekam und letztlich anbiss. Ich fuhr weiter fort mit meinen Angaben, machte es ihm aber nicht zu leicht, weil ich ja noch mehr über ihn wissen und erfahren wollte. So brachte ich ihn dazu, ein Bild von sich einzuscannen und online zu stellen, in sein Profil. Nun wusste ich, den hast du an der Angel, jetzt ist er reif!

Natürlich mit dem Verdacht im Hinterkopf, dass das Bild nicht seinem wahren realen Aussehen gleichen könnte. Aber okay, ich war mit ihm schon sehr weit gekommen. Natürlich wollte er jetzt genauer wissen, wann und wo er mich treffen könnte. Und so machten wir einen Zeitpunkt aus für unser

Treffen: 10. 7. 2008, 23.00 Uhr.

Ich schrieb ihm immer wieder und fragte, was wir da machen würden und gab ihm immer wieder zu bedenken, dass ich erst 13 Jahre alt wäre. Aber das schien ihn nicht weiter zu interessieren Er meinte, dass er ja vorsichtig sein und ganz behutsam vorgehen würde. Es würde ein schönes Erlebnis für mich werden, ein unvergessliches Erlebnis, es würde ja früher oder später eh passieren, dass ich meine Jungfräulichkeit verlöre.

Er wollte auch wissen, ob ich schon bei meinen Freundinnen nachgefragt hätte, wie das *erste Mal* wäre – daraus ließ er mich erkennen, dass er versuchte, in meinen Antworten für sich herauszulesen, ob ich im Grunde neugierig auf sexuellen Kontakt wäre.

Seine Texte waren schon sehr derb – in Bezug auf sexuellen Kontakt, den er haben mochte. Er versuchte ganz klar, ein Vertrauensverhältnis aufzubauen. Auch wollte er für Getränke sorgen, er fragte mich, was ich gerne tränke, was lag da näher als ein Mixgetränk, das Jugendliche mögen. Und immer wieder kamen diese Anmachsprüche, er würde ganz vorsichtig und behutsam sein.

Es würde eine unvergessliche Nacht für mich, er würde schön meinen Busen lecken. Weitere – unvorstellbare – Texte folgten, die sich im weiteren Verlauf auf andere Geschlechtsteile ausweiteten. Ich wollte ihn natürlich noch zu weiteren schriftlichen Aussagen treiben und legte einen Zahn zu, indem ich ihn immer mehr im Glauben bestärkte, dass ich sehr interessiert und neugierig wäre.

Er fragte mich, ob ich denn Angst hätte, wenn es das erste Mal passierte. Ich schrieb ihm, dass ich Angst hätte, mich nicht traute und fragte, was er mit mir dann machen würde. Immer wieder versuchte er, mir die Angst auszureden, er wäre ja vorsichtig mit seiner Süßen, ganz behutsam, würde auch Vaseline mitbringen für das erste Mal.

Mein Verlangen, diesen Sack zu stellen, wurde immer größer und ich biss mich immer mehr fest, ich wollte ihn unbedingt stellen. Die ganze Vorbereitung ging über zehn Tage. Wir schrieben überwiegend an den Abenden. Ich fragte ihn, wie ich ihn erkennen würde und mit welchem Auto er käme. Zuerst meinte er, mit seinem Auto zu kommen. Er gab mir eine Personenbeschreibung von sich, die aber ziemlich zu wünschen übrig ließ – so ganz traute er der Sache wahrscheinlich nicht. Ich gab ihm eine Handynummer, unter der er mich erreichen konnte. Das gab ihm dann wiederum Sicherheit, dass alles glattgehen würde. Des Weiteren forderte er mich auf, alles zu löschen, was wir geschrieben hatten. Er löschte sein Bild. Ich gab ihm an, dass ich alles gelöscht hätte, was natürlich nicht stimmte: Ich hatte jedes Wort, das er geschrieben hatte, kopiert und archiviert – als Beweisgrundlage meines Berichtes für die Polizei. Am letzten Abend, bevor wir uns dann treffen wollten, schrieb er mich an und teilte mir mit, dass er mit einem anderen Auto käme, weil sein Auto kaputt wäre: mit einem Transporter, den ihm ein Freund leihen würde. Er meinte, dass wir dann irgendwo anders hinfahren könnten. Also hatte sich mein Verdacht bestätigt, er würde alles dafür tun, seine Identität zu verstecken.

Mir kam auch der Gedanke, was würde passieren, wenn es nicht so laufen sollte, wie er sich das vorgestellt hatte – würde Mister Y zum Kinderschänder, würde er sich seine sexuelle Befriedigung durch Gewaltanwendung holen? Diese Vorstellung, was daraus entstehen könnte, machte mich sehr wütend – wenn er jetzt ein reales 13-jähriges Mädchen an der Angel hätte.

Donnerstag, 10. 7. 2008: Tag des Treffens. Der Plan war – und wurde auch so durchgeführt –, dass die Zielperson erschiene und ihre Personalien durch Hinzuziehen der Polizei aufgenommen werden würden.

Also meldete ich die Aktion bei der Polizei an und legte ihnen die Beweise vor. Sie waren bereit, mich zu unterstützen, und taten dies auch. Des Weiteren zog ich einen Berufskollegen und eine -kollegin der Detektei Rimbach zur Unterstützung hinzu. Die sollten sich, entsprechend getarnt, als Pärchen dem Geschehen anpassen.

Die Zeit rückte immer näher und ich war gespannt, ob Mister Y kommen würde, denn es war schon fünf Minuten nach 23.00 Uhr. Ich erblickte dann aber das angekündigte Fahrzeug und wusste sofort, dass er es war. Dies sagte mir mein Gefühl – und wie sich herausstellte, lag ich auch richtig.

Die Zielperson parkte ihr Fahrzeug und ging zu Fuß zum Treffpunkt. Ich konnte Mister Y anhand des Bildes, das er ins Internet eingestellt hatte, erkennen und war mir ganz sicher, dass er es war. Das Handy klingelte, er rief die Nummer an, die ich ihm gegeben hatte. Seine Telefonnummer war auch zu sehen, somit hatte ich einen weiteren Beweis.

Da die besagte Jenny K. jedoch nicht anwesend war, rief er immer wieder an, um sie zu erreichen. Die Zielperson ging zu ihrem Fahrzeug zurück und wollte schon wieder wegfahren, als sie mit Unterstützung der Polizei gestellt wurde. Ihre Personalien wurden aufgenommen und die Beweise gesichert. Somit war meine Arbeit getan. Für weitere Ermittlungen war jetzt die Polizei zuständig.

Dies war nur der Anfang einer neuen und langfristigen Aufgabe die sich mir in Zukunft stellt.

7. Welche Rolle spielen die Gene bei Sexualstraftaten?

Die Zahl der Fälle von Missbrauch in der Familie steigt stetig an. Man hört von den grausamsten Taten, die durch den Vater oder Stiefvater begangen werden. Durch die Medien werden die Fälle, in denen die Töchter über Jahre missbraucht und eingesperrt wurden, immer bekannter. Der jüngste Fall des Österreichers Fritzl hat dies allzu deutlich gezeigt.

Wie sieht es aus bei Geschwisterinzest? Wie verhält es sich bei der Zeugung von Kindern – den so genannten Inzestkindern? Auf diesem Thema ruht ein noch größeres Tabu, als es bei sexuellem Missbrauch an sich schon der Fall ist! Auch die Fälle von Missbrauch, die sich über mehrere Generationen hinwegziehen und/oder von mehreren Familienmitgliedern vollzogen werden, sind weniger bekannt.

Hier stellt sich vielen nun automatisch die Frage: *Liegt dies an den Genen der Täter? Kann man eine solche Neigung vererben? Ist es Veranlagung oder Lernen am Vorbild?*

Da für die Forschung in diesem Bereich leider das Geld fehlt, können keine Ergebnisse zu diesem Thema vorgelegt werden. Sicherlich nimmt der eine oder andere an, dass es so sein könnte, doch fundierte Beweise dafür gibt es nicht.

8. Schlusswort

Jeder Mensch ist auf seine ganz eigene Weise geprägt. Und wer weiß, wie weit der Strang des Machtrausches der Brutalität reicht? Aber ihr, die ihr euch so gnadenlos das Lebensgefühl der Befriedigung verschafft, euch eurer Sucht, die euch das Hirn krümmt, nicht stellt und euch jegliche menschliche Wahrnehmung und jegliche Realität verleugnen lässt. Die euch zweifellos in die Enge eurer anonymen Schizophrenie katapultiert. Wo kein Mitgefühl und keine Scham existieren. Wo die Würde des Lebens, die Würde des Geistes, der Seele und der Leib mit Füßen ihr tretet. *Ihr, die ihr besudelt seid mit dem Blut und den Schreien eurer hilflosen Opfer. Glaubt ihr wirklich, die Quelle, mit der ihr euch reinwascht, ist unversiegbar? Glaubt ihr wirklich, dass euer schlafendes Gewissen euch auf ewig durch eure Finsternis führt? Und glaubt ihr wirklich, dass das Böse und die Angst, die ihr verbreitet, für immer schweigen werden?*

Wie einfach und billig holt ihr euch euren Seelenorgasmus? Aufgegeilt am Schmerz, an der unübertrefflichen Überlegenheit gegenüber dem Schwachen, dem Kleinen, dem Untergebenen, dem Schutzbefohlenen!

Ihr armen Seelen! Ihr Schläger! Ihr Kinderschänder-Junkies! Ihr Blender! Ihr, die ihr euch hinter der Blende eurer Masken – der Unbeholfenen, der Gottesanbeter, der Guten und Mauerblümchen, der Beispielhaften, der Unbescholtenen – euer abnormes Dasein versteckt! Ihr feigen Lügner! Ihr kampflosen Sieger, ihr Täter, die ihr euer jämmerliches, geheucheltes Dasein nicht zu reflektieren vermögt! Doch seid euch gewiss, es kommt der

Tag des Jüngsten Gerichts und eure Sünde wird euch finden! Jeden Einzelnen!

Ihr, die ihr den Spiegel eures Selbstbildes mit euren Fratzen und Deckmäntelchen umhüllt! Und ihr werdet ohne euren Schein eurer Nacktheit gegenüberstehen und euch schämen und euch fürchten. Und euer krankhafter Ideenreichtum, euch die Absolution des selbsternannten Saubermanns zu erteilen, wird wie die Tränen eurer Gepeinigten von euch herniederregnen.

Und das Licht wird euch die Augen öffnen. Und die Klarheit wird euch heimsuchen und dorthin treffen, wo es am meisten wehtut. Und ihr werdet zur Ader gelassen und der Schmerz der Schmerzenden, der Geschändeten, der verbluteten Seelen wird euch treffen ins Mark und euch führen in die Verdammnis der Schänder.

Und ihr werdet in eurer geschaffenen Welt euer eigener Sklave sein. Und ihr werdet die Wahnhaftigkeit eurer barbarischen Triebe, für deren Befriedigung euch jedes Mittel recht kommt, als Kehrseite am eigenen Leib mit allem Leid, das ihr in die Welt brachtet, erleiden und schmoren im stinkenden Saft eurer abscheulichen Ekelhaftigkeit. Und ihr werdet euch grämen über die moderige Fäulnis eurer selbst – und das Leid der Welt, das aus eurem Kadaver stinkt, werden die Geier vor den Toren der Hölle ins schwarze, verderbliche Feuer kotzen.

Und die Kloake eurer abgestreiften lächerlichen Masken wird im Fluss der Witzfiguren ihren Schrecken und ihre Bedeutung verlieren.

Seid euch gewiss, die Hand des Satans, dem ihr euch hingegeben habt, wird euch stürzen und über eurem Haupt mit all seiner Grausamkeit triumphieren.

(Katharina Bond)

Die verSEXte Gesellschaft

Eifersucht vorprogrammiert

Das kleine

Frauen-Versteher-Handbuch

von Anja Walz

ISBN: 978-3981275155

ca. 80 Seiten, broschiert

Eifersucht - ein Thema, das verletzt, psychisch krank macht und vor allem Beziehungen und Ehen zerstört.

Die Autorin möchte den Männern die Augen öffnen und sie zum Nachdenken bringen, zum Nachdenken über ihre Frauen, die Partnerinnen, die Freundinnen!

Heutzutage kann man nicht einmal mehr eine Kaffeewerbung ohne halbentkleidete Frauen anschauen. Ist die Welt, und vor allem Deutschland, moralisch am Ende?

Hat die alltägliche Fleischbeschau noch Grenzen?

Müssen die Medien aus Verkaufsförderungsanliegen heraus ständig nackte Leiber präsentieren?

Anja Walz schreibt über Ängste in dieser versexten Welt, die alles vergiften, sie und andere Frauen daran hindern, in ihren Beziehungen glücklich zu sein. Und – sie zeigt einen Ausweg.

Still geboren im November

Nico, mein Sternenkind

von Arite Schäfer

ISBN: 978-3981275100

ca. 60 Seiten, broschiert

Was passiert, wenn ein Kind zu früh diese Welt verlassen muss?

Wie kann ein Mensch die Trauer ertragen?

Arite Schäfer erzählt aus eigenem Erleben. Sie widmet dieses Buch Ihrem Sohn Nico, der bereits von dieser Welt gehen musste, bevor er sie kennen lernen durfte.

sämtliche Titel erhältlich über Buchhandel und

www.debehr.de

Neuerscheinung!
Demnächst bei De Behr:

Marina Müller

Ich war doch noch so klein - die Hölle auf Erden in einem katholischen Kinderheim

Ein Tatsachenroman

ISBN-Nr. 978-3941758643
ca. 200 Seiten

Ein Kinderheim - es soll ein Ort sein, an welchem Kinder behütet aufwachsen können, wenn das Elternhaus Sicherheit und Liebe nicht geben kann oder will. Doch das katholische Heim, in welchem die kleine Marina im Alter von fünf Jahren aufgenommen wurde, war kein zu Hause - es war die Hölle auf Erden. Schläge, Demütigungen, Verachtung standen auf der Tagesordnung. Und es wurde noch schlimmer. Für viele Betreuer waren die Kinder des Heimes Ausgeburten, unwürdig, wie Dreck. So erlebte das kleine Kind, wie unmenschlich Menschen sein können, denen das größte Gut überhaupt - ein unschuldiges Kind - anvertraut wurde. Der Hass und die unglaubliche Eiseskälte verfolgen die Autorin seelisch noch heute. Dieses Trauma zu bewältigen ist so gut wie unmöglich. Mit ihrem erschreckenden Buch über ihre Kindheit in den Fängen der Nonnen und Heimerzieher setzt sie ein Mahnmal für all jene, die dieses oder ähnliche Schicksale teilten. Wir dürfen nicht vergessen. Und wir alle müssen auf die Schwächsten der Gesellschaft achten - auf die Kinder.